Schriften zur Popkultur

Hrsg. v. Thomas Hecken

Band 3

Ralf Hinz

Pop-Diskurse

Zum Stellenwert von Cultural Studies,
Pop-Theorie und Jugendforschung

Bibliografische Information der Deutschen Bibliothek

Die Deutsche Bibliothek verzeichnet diese Publikation in der Deutschen Nationalbibliografie; detaillierte bibliografische Daten sind im Internet über http://dnb.ddb.de abrufbar.

http://www.posth-verlag.de
Printed in Germany

ISBN 978-3-9810814-4-2

Inhalt

Einleitung

Die euphorische Stimmung, mit der um die Jahrtausendwende herum das Wort Pop in den verschiedensten Zusammenhängen gebraucht wurde, um der Literatur, der Politik, der Werbung und vielem anderen jenen Glamour zu verleihen, der im Kampf um Aufmerksamkeit in der Öffentlichkeit gebraucht wird, ist längst verflogen. Zu einer analytischen Durchdringung jener vielfältigen Diskurse, in denen darüber verhandelt wird, was unter Pop zu verstehen ist, welche Differenzierungen im Feld des Pop existieren, wem es aus welchen Gründen gestattet ist, auf legitime Weise über Pop, Popkultur und Popmusik zu sprechen, und wer mit diskursiven Randplätzen vorlieb nehmen muss, hat das feuilletonistische und vor allem via TV auch massenmediale Gerede über Pop wenig beigetragen.

Das vorliegende Buch nimmt sich der Diskurse über Pop an, wie sie in Internetforen, im Musikjournalismus, in der Geschichtsschreibung über popmusikalische Phänomene, in den Cultural Studies und in der Forschung über Jugendkulturen, die sich ja bekanntlich fast durchgängig über popkulturelle Vorlieben bzw. spezifische Aneignungsmodi popkultureller Gegenstände definieren, geführt werden. Das Buch kann sich nicht der tatsächlichen Vielfalt des Redens über Popkultur, des je individuellen und gruppenspezifischen Umgangs mit Popkultur widmen, sondern wird sich auf den in schriftlicher Form vorliegenden, tendenziell argumentativ angelegten Diskurs über Popkultur konzentrieren.

Während Internetuser, die sich entweder mit Gleichgesinnten über geschmackliche Vorlieben verständigen oder mit Vertretern divergierender Geschmäcker mehr oder weniger polemische Auseinandersetzungen liefern, davon auszugehen haben, dass sie nur eine recht kleine Öffentlichkeit abgeben, sind die Publikationen musikjournalistischer Provenienz darauf angelegt, größere Gruppen anzusprechen und einen maßgeblichen Beitrag zur Meinungsbildung im Feld der Popkultur beizusteuern. Das wird zum einen durch die tatsächlich verkauften Zeitschriftenexemplare von Magazinen wie »Musikexpress«, »Rolling Stone«, »Visions« und »Spex« bestätigt, die zusammen weit über 150.000 Käufer finden – einzubeziehen sind zusätzlich noch die ca. 120.000 Exemplare des kostenlosen Magazins »Intro«, die in Plattengeschäften, Szene-Boutiquen etc. auslegen –, zum anderen durch die spezifische Art des Schreibens über Popmusik und Popkultur in diesen Magazinen

demonstriert, die vor allem in »Spex« und »Intro« immer wieder durch einen
anspruchsvollen, voraussetzungsvollen Schreibstil, Referenzen auf Theoriediskussionen, auf politische Zusammenhänge und auf eher abseitige pophistorische Phänomene gekennzeichnet ist und sich dadurch anheischig macht,
über popkulturelle Themen mit einer Verbindlichkeit zu sprechen, die über
die Artikulation je subjektiver Vorlieben hinausgeht. Bekanntlich ist jedoch
das Vorrecht des verbindlichen Sprechens über Sachverhalte in westlichen
Gesellschaften der Wissenschaft vorbehalten, die sich in Deutschland – anders als in den anglo-amerikanischen Ländern, in denen mit den seit den
sechziger Jahren aufkommenden Cultural Studies wichtige Schritte hin zu
einer wissenschaftlichen Betrachtung der Jugend- und Popkultur getan wurden – allerdings lange Zeit wenig interessiert an popkulturellen Phänomenen
zeigte, so dass sich die ambitioniertesten Varianten des Musikjournalismus
hierzulande eine Zeit lang gar als Ersatz für eine verspätete Beschäftigung
mit Popkultur im Stile der Cultural Studies sahen. Es wird jedoch darzulegen
sein, dass tatsächliche Berührungspunkte zwischen Musikjournalismus und
Cultural Studies leicht über die tatsächlich gravierenden Differenzen hin-
wegtäuschen können, die zwischen der auf Aktualität, Hype und ästhetischer
Attraktion ausgerichteten Arbeit von Musikjournalisten und der auf Kon-
tinuierlichkeit, Langfristigkeit und auf intersubjektive Nachvollziehbarkeit
in der scientific community angelegten Forschungstätigkeit in den Cultural
Studies bestehen. Die mittlerweile hierzulande in verschiedenen Disziplinen
erkennbare Anknüpfung an Themen und Herangehensweisen der Cultural
Studies befindet sich noch in einer Phase der allmählichen Stabilisierung und
sukzessiven Institutionalisierung. Demgegenüber hat die Jugendforschung,
die institutionell den Disziplinen Soziologie, Pädagogik und Psychologie zu-
zuordnen ist, spätestens seit den fünfziger Jahren einen festen Platz in der
diskursiven Auseinandersetzung mit Jugend- und Popkultur. Jugendforscher
werden von der Politik und von den massenwirksamen Medien als legitime
Sprecher bemüht, wenn es darum geht, sich einen Reim auf in der Öffentlichkeit sich auffällig zeigende oder gar agierende Jugendliche zu machen.
    Es gibt also sehr unterschiedlich legitime Weisen des Sprechens über Pop-
kultur: Das Buch spannt dabei einen Bogen von den bislang am wenigsten legitimen Formen des Sprechens über Pop, wie sie sich in Geschmacksurteilen
über Coverversionen finden lassen, die Thema des ersten Kapitels sind, über
journalistische und essayistische Schreibweisen, die sich auf mehr oder weniger anspruchsvolle, d. h. immer auch um Legitimität bemühte Weise aktueller oder bereits historischer Popmusik annehmen, über die an der Schwelle

zur Legitimität stehenden Cultural Studies bis hin zu der heute immer noch legitimsten Variante der Behandlung von Jugend- und Popkultur, nämlich der Jugendforschung.

Dank

An erster Stelle möchte ich Thomas Hecken danken, der mich bei der Arbeit am Text durch Anregungen und Hinweise großartig unterstützt hat. Ebenfalls großen Dank schulde ich Frau Isabelle Middeke für ihre Unterstützung beim Korrekturlesen. Seit dem Jahre 2003 bin ich als Lehrer am Quirinus-Gymnasium in Neuss tätig und konnte mich dort bei verschiedenen Gelegenheiten mit vielen Schülerinnen und Schülern über die neuesten Entwicklungen in der Popkultur unterhalten. Hervorheben möchte ich im aktuellen Schuljahr 2008/2009 die Klasse 10a und ihr herzlich dafür danken, dass sie solch regen, enthusiastischen und lautstarken Anteil an der Entstehung des vorliegenden Buches genommen hat und sicher für dessen durchschlagenden kommerziellen Erfolg sorgen wird. Nicht vergessen werden dürfen die in der Theatergruppe Hinz (TGH) aktiven Schülerinnen und Schüler, die in vielen Proben und in den Aufführungen der Stücke »Kasimir und Karoline« von Ödön von Horvath und »Der Talisman« von Johann N. Nestroy eine durch und durch popkulturell inspirierte Theaterarbeit geleistet haben. Mit meinem Bruder Ulrich Hinz tausche ich mich seit dreißig Jahren intensiv über Themen der Popkultur aus. Doch ohne die tagtägliche liebevolle Unterstützung meiner Frau, Danièle Huberty, und meiner Schwiegereltern, Hannelore und Robert Huberty, wäre das vorliegende Buch nicht entstanden.

Überlegungen zur Geschmackssoziologie

Im Folgenden soll es darum gehen, Geschmacksunterschiede im Feld der populären Musik am Beispiel von Coverversionen genauer zu untersuchen. Unter Rückgriff auf Bourdieus Kultursoziologie soll gezeigt werden, dass eine Gesellschaft, die von kultureller, aber vor allem von materieller Ungleichheit geprägt ist, sich auch in der alltagskulturellen Praxis im Feld der Popkultur reproduziert. Während Bourdieu sich auf die Abgrenzung der legitimen Kultur von der populären Kultur konzentriert,[1] soll hier dargelegt werden, dass sich in den Vorlieben für Popmusik kulturelle Differenzen bekunden, die eng mit dem kulturellen Kapital verknüpft sind, das im Elternhaus, in der Schule und an sonstigen Bildungsinstitutionen und im weitläufigen Kulturbetrieb erworben wird. Nicht nur in den folgenden Ausführungen zu Geschmacksdifferenzen im Hinblick auf Coverversionen in der Popmusik, sondern auch in den weiteren Kapiteln des vorliegenden Buches – vor allem im Kapitel »Pop-Theorie und Pop-Kritik« – wird immer wieder der Versuch unternommen, kulturelle Präferenzen geschmackssoziologisch zu objektivieren.[2]

Während im Jahre 2003 ein Musiker wie Martin L. Gore, ansonsten bekannt als musikalischer Kopf der britischen Gruppe Depeche Mode, mit seiner CD »Counterfeit²«, die ausschließlich aus Coverversionen besteht, im avancierten Musikjournalismus lobende Anerkennung für seine Arbeit erhält,[3] ist immer wieder heftige Kritik zu vernehmen, wenn es um Coverversionen geht, die sich in den hiesigen Single-Charts erfolgreich platzieren können. So droht in einem Internet-Forum, das offenkundig hauptsächlich von Musikfans genutzt wird, die mindestens 30 Jahre und älter sein dürften, ein User oder eine Userin mit drastischen Konsequenzen, wenn es demnächst jemand wagen sollte, auch eine Coverversion eines seiner/ihrer Lieblingsstücke, nämlich »Hotel California« von den Eagles, zu produzieren: »Ja, und der

---

1 Zu diesem Begriff und seinem Komplement »populäre Kultur« vgl. die Ausführungen in Pierre Bourdieu, Die feinen Unterschiede. Kritik der gesellschaftlichen Urteilskraft [La distinction ‚1979], Frankfurt am Main 1982, besonders S. 39–67.

2 Die folgenden Ausführungen stellen die stark überarbeitete Fassung meines Aufsatzes »Die hohe Kunst der Kopie« aus dem Jahr 2004 dar.

3 Vgl. die Rezensionen in: Spex H. 5, 2003, S. 113 f. und Intro H. 5, 2003, S. 32–34.

erste, der es wagt, Hotel California zu verdancefloooren oder zu vertechnoen, der bekommt von mir höchstpersönlich einen Killer auf den Hals gehetzt!«[4]

Man könnte glauben, die Fans der hier inkriminierten »verdancefloorten« Coverversionen seien nur wenig daran interessiert, ihre Vorliebe für solche Musik wortreich in Zeitschriften und Internet-Foren zu begründen. Das wird wohl für die große Mehrheit der Anhängerschaft dieser Musik auch zutreffen, doch die nicht nur marketingstrategisch sehr geschickte, sondern ungewollt auch geschmackssoziologisch aufschlussreiche Einrichtung der »Kundenrezensionen« z. B. bei Internet-Medienversandanbietern wie Amazon[5] zeigt, dass auch diese Gruppe – auch wenn die entsprechenden Texte rhetorisch eher schlicht daherkommen – am wuchernden Diskurs über Sinn und Zweck von Coverversionen teilnimmt. In den Rezensionen zu Jan Waynes Album »Back Again« schreibt jemand: »Ich weiß nicht, was die kritischen Stimmen geritten hat, aber dieses Album ist total genial für den Zweck, für den es gedacht ist: Party!« Die Gegner der Coverversionen von Jan Wayne, die im üblichen Trance-Pop-Stil gehalten sind, ereifern sich über »akustischen Sondermüll«.[6]

Man kann nun zu Recht fragen, was den Streit über gute und schlechte Coverversionen von der gewöhnlichen, oft polemisch geführten Auseinandersetzung über Popmusik der unterschiedlichsten Genres unterscheidet. Ein wichtiger Unterschied besteht – so ist zu vermuten – wohl darin, dass im Streit um »total geniale« oder »allerübelste« Coverversionen die jeweilige musikalische Vergangenheit der Rezipientinnen und Rezipienten zur Disposition steht. Die besondere Fähigkeit von Musik, die wohl nur noch von Gerüchen übertroffen wird, auf wie auch immer nostalgische Weise Erinnerungen an

4 Babooshka am 30.11.2002, auf http://www.die-80er-jahre.de/forum/showtopic.php?threadid =1161&pagenum=9.

5 Ausführlich hat sich dieser Textform Ralf von Appen in seinem Buch »Der Wert der Musik. Zur Ästhetik des Populären« (Bielefeld 2007) gewidmet. Im Vorwort verweist der Autor darauf, dass er »rund 1000 Amazon-Kundenrezensionen zu zehn sehr erfolgreichen Alben der letzten Jahre […] inhaltsanalytisch untersucht« (ebd., S. 16) habe. Anders als die »Popularmusikforschung unter dem Einfluss der Cultural Studies« (ebd., S. 15) und anderer auf avancierter Theorie basierender Untersuchung von Produktion und Rezeption populärer Musik, wie sie im vorliegenden Buch im Mittelpunkt steht, will von Appen dem »persönliche[n] ästhetische[n] Erlebnis des Einzelnen« (ebd.) philosophische Ehre angedeihen lassen. Ihm geht es darum zu ergründen, »welche Attraktionen diese Musik den verschiedenen Spielarten ästhetischer Aufmerksamkeit bietet« (ebd., S. 16). Der bisherigen Forschung wirft er vor, dass »entweder der Aspekt des Populären oder […] der Aspekt des Musikalischen vernachlässigt« (ebd., S. 19) worden sei.

6 http://www.amazon.de/exec/obidos/tg/stores/detail//music/B00006FX10/customerreviews/ qid=1044434385/sr=2-1/ref=sr_2_3_1/ref=cm_cr_dp_2_ 1/302-1908454-7647237.

frühere Phasen der je eigenen Lebensgeschichte aufkommen zu lassen, ist an Melodie, Klang und Interpretation der jeweiligen Musik gebunden.[7] Werden nun in einer Coverversion starke Veränderungen am Originaltitel im Hinblick auf die genannten Parameter vorgenommen, so stellt sich schnell bei vielen Hörerinnen und Hörer, die eine starke affektive Beziehung zum Originaltitel aufgebaut haben, Abscheu und Empörung ein. In avantgardistischen Zirkeln hingegen verwandelt sich, wie weiter unten zu zeigen sein wird, gerade die konventionell abgelehnte deutliche Distanz mancher Coverversion gegenüber dem Originaltitel in eine ästhetische Errungenschaft. Zeichnet sich die Coverversion durch eine große Nähe zum Originaltitel aus, sind zweierlei Publikumsreaktionen üblich: Die Coverversion wird als bloße Kopie verworfen oder als Reverenz an einen verehrten, möglicherweise fast vergessenen großen Künstler bzw. Song betrachtet, wofür der Interpret der Coverversion Anerkennung erhält und dem Originaltitel und seinem damaligen Interpreten quasi-kanonischer Rang (»Klassiker«) zuerkannt wird.

Um zu bestimmen, welchen Stellenwert Coverversionen in der Abgrenzung zwischen verschiedenen Publikumsfraktionen einnehmen, soll nun zunächst Bourdieus Begriff des kulturellen Kapitals für die Zwecke einer Analyse kultureller Vorlieben im Feld der Popkultur genutzt werden. Daran schließt sich die Diskussion folgender Fragen an: Wie lässt sich »popkulturelles Kapital« als spezifische Ausprägung kulturellen Kapitals im Hinblick auf Coverversionen bestimmen? Wer hat die diskursive Macht, Unterscheidungen zwischen künstlerisch wertlosen und künstlerisch wertvollen Coverversionen mit einer gewissen Verbindlichkeit vorzunehmen?

In seinen Forschungen zur Logik der feinen und auch groben Unterschiede hat Bourdieu stets darauf hingewiesen, dass Musikgeschmack und vor allem musikalische Praxis, die auf Beherrschung eines Musikinstruments und Notenkenntnis etc. beruht, in besonderer Weise dazu geeignet sind, ästhetische Distinktion zu markieren.[8] Die Abgrenzung über ästhetische Vorlieben hat für Bourdieu eine klare soziale Funktion: Sie dient der Naturalisierung

---

7   Daniel du Prie beschreibt diesen Prozess so: »It is the music listened to which is the instrument of my own language, ready to be embellished and decorated with all types of historical connotations such as emotion, the place of listening, the people listening alongside me, what we are doing (talking, smoking, drinking, dancing) etc. All these will be transferred to memory along with what is now the form of the song, all-present but emptied of content.« (http://members.tripod.com/~duPrie/essays/poptheory.htm)

8   Vgl. u. a. Pierre Bourdieu, Über Ursprung und Entwicklung der Arten der Musikliebhaber, in: ders., Soziologische Fragen, Frankfurt am Main 1993, S. 147 f.

klassengesellschaftlicher Differenzen, sorgt also dafür, dass sich soziale und ökonomische Ungleichheit der politischen Thematisierung entzieht.

Dass geschmackssoziologisch relevante Unterscheidungen zwischen dem Hohen (high) und dem Niedrigen (low) auch im heterogenen und ausdifferenzierten Feld der populären Kultur selbst große Relevanz besitzen, hat verschiedene Autorinnen und Autoren dazu bewegt, in Anlehnung an Bourdieus Begriff des kulturellen Kapitals ein Pendant für die Erfassung kultureller Distinktionen in der Produktion und Rezeption bzw. Aneignung von populärer Kultur zu konzipieren. Popkulturelles Kapital oder terminologisch ähnliche Begriffe sollen das Wissen über Popkultur und den habitualisierten Umgang mit ihr bezeichnen. Ein Blick auf bisherige Ausführungen zu diesem Komplex, wie sie sich bei John Fiske und z. T. mit leichten Variationen bei anderen Autoren im Feld der Cultural Studies finden lassen, zeigt, dass der Begriff des popkulturellen Kapitals bislang nur recht vage umrissen worden ist. So hat man sich vorläufig noch nicht die Mühe gemacht, die von Bourdieu im Hinblick auf das legitime kulturelle Kapital vorgenommenen Spezifikationen[9] auf ihre Brauchbarkeit für das popkulturelle Kapital hin zu überprüfen.

In einem ersten tastenden Versuch, dieses Defizit zu beseitigen, ließen sich folgende Unterscheidungen vornehmen. Inkorporiertes popkulturelles Kapital dürfte u. a. folgende Dimensionen umfassen: empirisches Wissen über Musikstile, das durch das Hören von Musik, den Besuch von Live-Veranstaltungen, Lektüre von Zeitschriften und Büchern, das eigene Herstellen und Aufführen von Musik etc. erworben wurde, wie auch immer elaboriertes theoretisches Wissen, mit dem Verknüpfungen zwischen popmusikalischen Phänomenen und sozialen, kulturellen und politischen Kontexten hergestellt werden können, Selbstdarstellung als popkulturell inspirierte Person durch entsprechendes Styling (Kleidung, Frisur), körperliches Gebaren (Gang, Mimik, Gestik) und durch einen wie auch immer dezent von Szenesprache durchsetzten sprachlichen Ausdruck. Wenig problematisch ist die Bestimmung des objektivierten popkulturellen Kapitals: Tonträger, Zeitschriften, Fanzines, Bücher, Musikvideos, Musikfernsehen generell, Fotos, Kleidung, Accessoires, mythisch überhöhte Orte der Popkultur (Clubs, Konzerthallen, Festivals etc.). Damit ist man beim institutionalisierten popkulturellen Kapital angelangt. Auf den ersten Blick scheint es so zu sein, dass es mangels

---

9 Vgl. Pierre Bourdieu, Ökonomisches Kapital – Kulturelles Kapital – Soziales Kapital, in: Soziale Ungleichheiten, herausgegeben von Reinhard Kreckel, Göttingen 1983, S. 183–195 (= Soziale Welt, Sonderband 2).

einer institutionalisierten Beschäftigung mit Popkultur und Popmusik natürlich auch kein derartiges popkulturelles Kapital geben könne. Doch bei genauerem Hinsehen zeigt sich Folgendes: Zum einen lässt sich z. B. über die Mitarbeit bei angesehenen Zeitschriften, Fanzines und Labels, aber natürlich für aktive Musikerinnen und Musiker über das Spielen und Auftreten in angesehenen Bands bzw. als Solomusikerin quasi-institutionelles popkulturelles Kapital akkumulieren, zum anderen kommt mittlerweile auch im wissenschaftlichen Betrieb allmählich eine intensive Beschäftigung mit popkulturellen Phänomenen in Gang, die den Erwerb von zumindest prinzipiell ökonomisch verwertbaren Qualifikationen ermöglicht.[10]

Was ist nun mit diesen Erläuterungen zum Begriff eines popkulturellen Kapitals gewonnen? Zunächst einmal ist offenkundig, dass der allerdings wenig planbare, meist nur recht kurzfristige kommerzielle Erfolg im Pop-Business wesentlich davon abhängt, popkulturelles Kapital zur Schau zu stellen. Da-

10 Während hier die Umrisse eines umfassenden Begriffs popkulturellen Kapitals skizziert worden sind, hat Gunnar Otte in einem ausgezeichneten Aufsatz, der auf empirischem Material basiert, das im Frühjahr 2004 in Leipziger Clubs und Discotheken erhoben wurde, zwischen »Körperkapital« und »Musikkapital« differenziert und diese wie folgt operationalisiert: »*Körperkapital* wird als additiver Index aus fünf fünfstufig skalierten Variablen gebildet: der Besuchshäufigkeit von Solarien und Fitnesscentern sowie der Wichtigkeit der Kleidungsmerkmale ›körperbetont und sexy‹, ›schick und elegant‹ und ›der aktuellen Mode entsprechend‹. Mit den ersten beiden Indikatoren wird die unmittelbare ›Körperarbeit‹ erfasst, mit dem dritten die Betonung sekundärer Geschlechtsmerkmale und mit den letzten beiden der Status- und Modebezug der Kleidung.« Der Autor gibt dann jedoch noch zu bedenken, »dass in manchen Szenen gerade entgegengesetzte Stile Anerkennung genießen, etwa ein ›abgerissener Look‹ in der Indie- oder weiße Haut in der Gothic-Szene«, verteidigt jedoch die Operationalisierung, dass auf diese Weise die »im Clubdiskurs besonders verbreiteten, normierenden Auffassungen über Körperpraxen, die die Attraktivität am Partnermarkt insgesamt am stärksten erhöhen«, Berücksichtigung finden. Gunnar Otte, Körperkapital und Partnersuche in Clubs und Diskotheken. Eine ungleichheitstheoretische Perspektive, in: Diskurs Kindheits- und Jugendforschung, H. 2, 2007, S. 169–186, hier S. 175. Einfacher wird »*Musikkapital*« operationalisiert: »Verfügung über Szeneobjekte, erfasst mit der Anzahl eigener Musiktonträger […]; über Szenewissen, ermittelt anhand der Lektürehäufigkeit von Musikzeitschriften (›oft‹); über Erfahrungen mit sechs Szene-Aktivitäten (in einer Band Musik gemacht; als DJ im Club oder bei Privatpartys Platten aufgelegt; Musik produziert; einen Club, Konzerte oder öffentliche Partys organisiert; in einem Club gearbeitet; Plattenrezensionen geschrieben). Aufgrund der hohen Gewichtung von Aktivitäten verweist ein hoher Indexwert auf eine Position in oder nahe der ›Organisationselite‹ von Musikszenen, ein Wert von Null auf eine Position in der Szeneperipherie« (ebd.). Weitere nützliche Hinweise zu einer Anwendung Bourdieu'scher Kategorien auf die Popkultur liefern Sarah Thornton, Club Cultures. Music, Media and Subcultural Capital, London 1995; Bernard Gendron, Between Montmartre and the Mudd Club. Popular Music and the Avant-Garde, Chicago und London 2002.

von abgesehen kann man sich jedoch wohl nur dann als Inhaber jener oben skizzierten Ausprägungen popkulturellen Kapitals eine gewisse Chance aus-rechnen, dieses besondere kulturelle Kapital in ökonomisches Kapital jenseits des eigentlichen Geschäftes mit populärer Kultur zu verwandeln, wenn die entsprechenden Wissensbestände und Fähigkeiten sich durch eine mehr oder weniger ausgeprägte Nähe zum legitimen kulturellen Kapital auszeichnen. Dazu sind einerseits intellektuelle und rhetorisch-diskursive Kompetenzen zu rechnen, wie sie in der avancierten journalistischen und akademischen Be-schäftigung mit popkulturellen Gegenständen verlangt werden, andererseits spielpraktische und künstlerisch-kreative Fähigkeiten, die sich auf Tonträgern materialisieren oder bei Live-Auftritten einem Publikum in physischer Prä-senz demonstriert werden.[11] Wenn man die Gruppe derjenigen geschmacks- und kultursoziologisch betrachtet, die popkulturelles Kapital auf die beiden skizzierten Weisen akkumulieren, löst sich der Gegensatz zwischen legitimem Kulturkapital und popkulturellem Kapital scheinbar auf. Geht es doch um jenen Teil der jüngeren Bevölkerung, der – gemessen am Bildungsgang und Bildungsabschluss – über hohes (Abitur) oder gar sehr hohes legitimes kultu-relles Kapital (Studium, akademische Abschlüsse) verfügt. Diese Gruppe er-wirbt legitimes popkulturelles Kapital im Prozess einer Aneignung populärer Kultur, die auf jene im Feld der legitimen Kultur anerkannten Rezeptionsmo-di zurückgreift. Popkulturelles Kapital, also Wissen und Kompetenzen in der Produktion und Rezeption populärer Kultur, ähnelt also erst dann dem legi-timen kulturellen Kapital oder wird sogar von ihm ununterscheidbar, wenn es sich durch Übernahme von Aneignungsweisen nobilitiert hat, wie sie der legitimen Kultur zu eigen sind.

Die Vertreter eines emphatischen Pop-Begriffs abseits des Mainstreams, die über legitimes popkulturelles Kapital verfügen, betonen gerne die politische und gesellschaftliche Bedeutung sowie die ästhetisch-sinnliche Attraktivität popkultureller Phänomene, um Popkultur nicht als eine Nische des umfas-senden Kulturbetriebs unter anderen erscheinen zu lassen. Ihre Investition in randständige Spielarten der Popmusik halten sich die Pop-Intellektuellen als Protest, Subversion und Widerstand gegen die herrschende Gesellschafts-ordnung zugute. Die dadurch heraufbeschworene, tendenziell inflationä-re Politisierung der sub- und popkulturellen Strömungen hat allerdings in

---

11 Engagierte Betätigung im popkulturellen Feld lässt bei manchen Aktivistinnen natürlich auch organisatorisches, technisches und unternehmerisches Talent zum Vorschein kommen, worauf beim Bemühen um Tätigkeiten in anderen Feldern verwiesen werden kann.

den letzten Jahren deutlich an Wucht eingebüßt. Auch die Herausforderung des eher konventionell gebildeten und künstlerisch interessierten Publikums durch die konsequente Parteinahme für eine massenhaft verbreitete Popkultur hat an Brisanz verloren. Das kulturell beflissene Niveaumilieu samt seiner Repräsentanten, die kulturpolitische Schaltstellen besetzen, gibt sich unter postmodernen Vorzeichen meist eher tolerant und lässt sich durchaus darauf ein, z. B. Popmusik, die mit einem hohen künstlerischen Anspruch auftritt oder partiell in die Tradition der Avantgarde gestellt werden kann, Einlass in den ohnehin aufgeweichten Kanon der legitimen Kultur zu gewähren.

Kein Interesse an diesem Streit innerhalb des gebildeten Publikums, nämlich ob die Offenheit für Popkultur der legitimen Kultur eher schade oder nütze oder ob bestimmte Ausprägungen der Popkultur einen ästhetischen und politischen Stellenwert besäßen, der Werken und Veranstaltungen im gehegten Feld der legitmen Kultur von vornherein verwehrt bleiben müsse, zeigt der bekannte Cultural Studies-Vertreter John Fiske.[12] Er beschäftigt sich vielmehr mit solchen Fan- und Subkulturen, in denen sich deren Mitglieder über ihr Wissen und ihre symbolischen Tätigkeiten Anerkennung verschaffen. Fiske schreibt: »Ich möchte Bourdieus Modell um die Formen des populären kulturellen Kapitals erweitern, das durch benachteiligte gesellschaftliche Gruppierungen geschaffen wird – spielt doch dieses in untergeordneten Kontexten eine ähnliche Rolle wie das offizielle kulturelle Kapital in den dominanten. Fans sind besonders aktive Produzenten und Nutznießer dieser Art von kulturellem Kapital.«[13] In eine ähnliche Richtung argumentieren Renate Müller et al.: »Populärkulturelles Kapital ist nicht in denselben sozialen Kontexten bedeutsam wie hochkulturelles bzw. legitimes kulturelles Kapital: Es verschafft soziale Anerkennung und soziale Kompetenzen in Peergroups und subkulturellen Milieus. Es erlaubt Individuen, sich als einzigartig zu präsentieren, soziale Zugehörigkeiten zu definieren und zu sichern sowie sich abzugrenzen.«[14] Die Rede von einem popkulturellen Kapital in

---

12 Allerdings verweist auch John Fiske, Die kulturelle Ökonomie des Fantums [The Cultural Economy of Fandom, 1992], in: Kursbuch Jugendkultur. Stile, Szenen und Identitäten vor der Jahrtausendwende, herausgegeben von SPoKK, Mannheim 1997, S. 54–69, hier S. 66 f., auf jene »Fans, deren ökonomischer Status es ihnen erlaubt, zwischen authentischen und massenproduzierten Objekten, zwischen Original und Reproduktion zu unterscheiden«, und dadurch »dem offiziellen kulturellen Kapitalisten relativ nah [stehen]. Ihre Sammlungen bieten viel mehr Möglichkeiten der Umsetzung in ökonomisches Kapital.«

13 Ebd.

14 Renate Müller, Patrick Glogner, Stefanie Rhein, Jens Heim, Zum sozialen Gebrauch von Musik und Medien durch Jugendliche. Überlegungen im Lichte kultursoziologischer Theori-

jener fan- und subkulturellen Ausprägung, wie sie bei Fiske und Müller et al.
zu finden ist, verfolgt offenkundig den Zweck, die Aneignung popkultureller
Produkte nicht als schlichten hedonistischen Konsum erscheinen zu lassen.
Bei Fiske unter starker Anlehnung an de Certeau als tendenziell subversives
Aufbegehren gleichermaßen gegen die legitime Kultur und gegen die Kulturindustrie, deren Produkte sich »anders als vollendete Kunstobjekte, der
produktiven Umarbeitung, Umschreibung, Vervollständigung und Partizipation an(bieten).«[15] Bei Müller et al. und Rainer Winter als sozialpädagogisch
wertvoller Beitrag der Jugendlichen zu ihrer Selbstsozialisation. So spricht
Winter davon, dass Fanwelten Jugendliche »für ihren Alltag stärken, indem
sie Strategien erlernen, die ihnen eine gewisse Kontrolle über ihr Leben, ihre
Gefühle und ihre persönliche Identität verleihen.«[16]

Wie auch immer man popkulturelles Kapital zu definieren und zu be-
werten versucht, es zeichnet sich im Unterschied zum legitimen kulturellen
Kapital durch eine nur partielle Brauchbarkeit im alltäglichen Leben aus. Die
Verfügung über legitimes kulturelles Kapital stellt unter Bedingungen der
Inflationierung von Bildungstiteln eine notwendige, aber nicht hinreichende Bedingung dar, um durch Erlangung von Berufspositionen kulturelles in
ökonomisches Kapital zu verwandeln. Popkulturelles Kapital, das in Fan- und
Subkulturen erworben wird, besitzt hingegen stärkere Brauchbarkeit nur für
diejenigen, die ihren Lebensunterhalt im subkulturellen Sektor verdienen,
schwächere Brauchbarkeit demgegenüber für jene, die einem eher bürgerlich-
konventionellen Beruf nachgehen und auf vorhandenes popkulturelles Kapital dieser Art nur in der Freizeit zurückgreifen. Wie oben bereits ausgeführt,
weist jenes popkulturelle Kapital, das in einer intellektuell und künstlerisch
ambitionierten Pop-Szene akkumuliert werden kann, eine große Nähe zum
legitimen kulturellen Kapital auf.[17] Das erleichtert zum einen im Unterschied

en, in: Wozu Jugendliche Musik und Medien gebrauchen. Jugendliche Identität und musikalische und mediale Geschmacksbildung, herausgegeben von dens., Weinheim und München
2002, S. 9–26, hier S. 12 f.

15 John Fiske, Die kulturelle Ökonomie des Fantums, S. 68.

16 Rainer Winter, Medien und Fans. Zur Konstitution von Fan-Kulturen, in: Kursbuch Jugendkultur. Stile, Szenen und Identitäten vor der Jahrtausendwende, herausgegeben von SPoKK,
Mannheim 1997, S. 40–53, hier S. 52.

17 Dietmar Dath, Kulturaustausch. Der Pop und die Pest, in: Frankfurter Allgemeine Zeitung,
13. Februar 2003. Der ehemalige »Spex«-Chefredakteur Dath möchte in dem FAZ-Artikel
Pop als voraussetzungsvolle ästhetische Kategorie vom bloß Populären als demographischer
Größe getrennt wissen: »Pop, wenn er was taugt, ist häufig gebildeter als seine Propagandis-
ten; da tut sich eine Schere auf.«

zu seinem subkulturellen Pendant die ökonomische Verwertbarkeit dieses Kapitals, zum anderen ist die Verfügung über diese Form des popkulturellen Kapitals eine wichtige Voraussetzung dafür, popkulturellen Bestrebungen eine Öffentlichkeit zu verschaffen, die über subkulturelle Szenen und Zirkel hinausreicht. Kurzum: Während popkulturelles Kapital subkultureller Provenienz zumeist partikularistische Züge trägt, ist popkulturelles Kapital, das ein stärker intellektuelles und künstlerisches Gepräge aufweist, durch eine starke Anschlussfähigkeit gekennzeichnet und darauf programmiert, popkulturelle Phänomene mit anderen Kontexten und Themen zu vermitteln.

Versucht man nun das bislang allgemein zum Thema »popkulturelles Kapital« Ausgeführte auf das Feld der Produktion und Rezeption von Coverversionen zu beziehen, drängt sich folgende vorläufige Bestimmung auf: Popkulturelles Kapital lässt sich über die intime Kenntnis, über die geschmackssichere Bewertung des popmusikalischen Song- und Sounduniversums und über kreative Beiträge zur Weiterentwicklung dieses symbolischen Universums akkumulieren. Zu klären ist dann natürlich, woran sich »intime Kenntnis«, »geschmackssichere Bewertung« und »kreative Weiterentwicklung« der Popmusik bemessen.

Als Begründer der Coverversion im engeren Sinne sieht Michael Coyle Elvis Presley: »[I]n our modern sense of the term, Elvis Presley was the first cover artist. In recovering nearly forgotten recordings by black artists Presley was doing much more than reviving potentially money-making properties; he was using records by black artists to perform for himself and for America a new identity.«[18] Die weitverbreitete Praxis des Neueinspielens von Songs schwarzer Musiker durch weiße Musiker beschreibt Coyle als »business of hijacking hits«.[19] In der Zeit vor Elvis stehe der Song und nicht der Interpret im Mittelpunkt.[20] Als schönes Beispiel für diese Praxis gibt Coyle in seinem Auf-

---

18 Michael Coyle, Hijacked Hits and Antic Authenticity. Cover Songs, Race, and Postwar Marketing, in: Rock Over the Edge. Transformations in Popular Music Culture, herausgegeben von Roger Beebe, Denise Fulbrook and Ben Saunders, Durham u. a. 2002, S. 133–157, hier S. 153.

19 Ebd., S. 139.

20 Johannes Ullmaier, Destruktive Cover-Versionen, in: Testcard. Beiträge zur Popgeschichte 1 (1995), S. 61–87, hier S. 62, reklamiert hingegen auch für diese Zeit die Bedeutung des Interpreten: Die »frühe Cover-Version [will] ihre Vermitteltheit nicht merken lassen. Im Gegenteil erscheint sie als Cover-Version umso gelungener, je weniger man sie für eine solche hält. Die dringlichste Aufgabe des Interpreten ist es, das Vorgegebene so restlos dem eigenen Vortrag anzuverwandeln, daß es quasi in einer eigenen Interpretation aufgehoben und als Vorgegebenes vergessen gemacht wird.«

satz eine Anzeige der Schallplattenfirma Decca aus dem Jahre 1952 wieder, auf
der für vier verschiedene »versions« des Songs »Honest and Truly« geworben
wird.[21] Diese Phase der Popmusik-Geschichte nennt Johannes Ullmaier ihre
»›naive‹ Frühzeit, in welcher kein ausgeprägtes Werkbewußtsein herrscht«.
So sei in jener Zeit »die Cover-Version quasi der Normalfall und dement-
sprechend häufig. Die meisten Hits des Rock'n'Roll sind, insbesondere bei
weißen Interpreten, Cover-Versionen, wobei die kompositorische und textliche Abhängigkeit zum häufig schwarzen Original graduell variieren kann.«[22]
Während noch in den fünfziger Jahren mit immer weiteren »versions« eines
bereits erfolgreichen Songs versucht wird, das mögliche weitere kommerzielle
Potenzial des Liedes überfallartig auszubeuten (»hijacking«), verfolgen Coverversionen, wie sie z. B. die stark vom Rhythm & Blues beeinflussten britischen Bands Animals, Rolling Stones und Yardbirds in den sechziger Jahren
eingespielt haben, eine andere Strategie. Coyle schreibt: »These covers made
money not by banking on what already was popular, but by treating R & B
material as an investment – as ›cultural capital‹.« Mit ihrer Hinwendung zur
»blackness« dieser Musik wollen die Bands ihre »difference from or resistance
to mainstream« unter Beweis stellen.[23] Unter dem Banner der Authentizität, dem sich auch der aufkommende avancierte Musikjournalismus in den
sechziger Jahren verschreibt, verfallen seichte, gefällige Versionen von R & B-
Songs dem ästhetischen Verdikt. Ullmaier datiert den »Eintritt der Popmusik
in ihr ›progressives‹ Zeitalter« auf Mitte der sechziger Jahre. Die Coverversion
verliere an quantitativem Gewicht und »die Tendenz [weist] bei allen ästhetisch führenden Musikern der Zeit bald eindeutig auf das Primat eigenen
Songmaterials, in welchem sich das neuerwachte (und bald für lange Zeit
kanonisierte) ›künstlerische Selbstverständnis‹ spiegelt.«[24]

---

21 Michael Coyle, Hijacked Hits and Antic Authenticity, S. 144.
22 Johannes Ullmaier, Destruktive Cover-Versionen, S. 62.
23 Michael Coyle, Hijacked Hits and Antic Authenticity, S. 147.
24 Johannes Ullmaier, Destruktive Cover-Versionen, S. 63. Weiter unten spricht der Autor von
   einem »strukturell bestimmten Traditionsstrang des Progressiv-Rock [wozu sowohl Pink
   Floyd und Genesis als auch die Swell Maps und SPK gezählt werden, R. H.] im Sinne einer
   um Werkbewußtsein, künstlerischen ›Fortschritt‹ der Gestaltungsmittel und Innovation des
   Ausdrucks konzentrierten Ästhetik.« In dieser Tradition werde die Coverversion »notwendig
   zur Defizienzerscheinung: nur wem nichts Besseres (= Eigenes) einfällt, bleibt darauf angewiesen«. Vgl. auch Martin Büsser, On the Wild Side. Die wahre Geschichte der Popmusik,
   Hamburg 2004. Der Autor lässt die »Geschichte des modernen Pop« im Jahre 1966 beginn-
   nen, weil zu diesem Zeitpunkt die Musiker »Freiheit und Selbstbestimmung in der Wahl der
   Ausdrucksmittel« erkennen lassen (S. 11).

Die Entwicklung des skizzierten ästhetischen Selbstbewusstseins auf Seiten der Musikschaffenden geht mit der Etablierung einer intellektualistischen Rede über Rock- und Popmusik einher, der ein, wie Gudmundsson et al. unter Rekurs auf Bourdieus Feldtheorie der Kultur in »Die Regeln der Kunst«[25] vermerken, »rather successful legitimation processs« gelingt, in dem sich mittlerweile das Feld der Rock- und Popmusik einen »semi-autonomous status« gegenüber den natürlich weiter wirksamen ökonomischen Zwängen mit ihrer Ausrichtung auf kommerziellen Erfolg erarbeitet habe.[26] Popkulturelles Kapital könne nur noch über ästhetische Vorlieben und Optionen erworben werden, die entweder im allerdings recht breiten Spektrum der veröffentlichten Meinung toleriert werden oder sich über Fanzines und ähnliche randständige Publikationen eine eigene Öffentlichkeit schaffen.

Ohne die vielfältigen Entwicklungen im Feld der Coverversionen in der Popmusik hier näher behandeln zu können, sei doch kurz auf zwei legitime Varianten der Coverversion im Feld der Popmusik eingegangen. Als ›legitime‹ werden diese Coverversionen hier deshalb bezeichnet, weil die im Folgenden zu behandelnden Beispiele einer musikkritischen Einschätzung des künstlerischen Wertes der herangezogenen Coverversionen in der Tradition der erwähnten intellektualistischen Aneignung von Rock- und Popmusik stehen.

Zunächst wird es nun um die im Zuge von Punk und New Wave aufkommende Form der destruktiven Coverversion gehen. Wie einst die Verwandlung der Rhythm & Blues-Musik in gefällige, jeglicher sexueller Anstößigkeit beraubte Schnulzen als inauthentisch disqualifiziert wurde, so wird nun überhaupt die Möglichkeit eines authentischen Ausdrucks radikal in Frage gestellt. In seiner eingehenden Rekonstruktion der ästhetischen Kontur zweier Coverversionen des Rolling Stones' Klassikers »(I Can't Get No) Satisfaction« – einmal von The Residents, einmal von Devo – schreibt Johannes Ullmaier: »Das Medium der Rockmusik präsentiert sich hier nicht mehr als ästheti-

25 Pierre Bourdieu, Die Regeln der Kunst. Genese und Struktur des literarischen Feldes [Les règles de l'art. Genèse et structure du champ littéraire, 1992], Frankfurt am Main 1999.

26 Gestur Gudmundsson, Ulf Lindberg, Morten Michelsen, Hans Weisethaunet, Brit Crit. Turning Points in British Rock Criticism, 1960–1990, in: Pop Music and the Press, herausgegeben von Steve Jones, Philadelphia 2002, S. 41–64, hier S. 45. Die Autoren schreiben: »This legitimation process [der populären Musik, R. H.] […] equals the formation of a field in Bourdieu's sense, including a ›clergy‹ of leading critics and magazines.« (S. 59) Die gegenwärtige Situation sei durch den folgenden Gegensatz geprägt: »In the postmodern supermarket, mainstream rock journalism seems to have returned to the consumer guidance of the early 1960s, while alternative writing increasingly tends toward the opposite pole of academic criticism.« (S. 60)

sche Antizipation dessen, was im sonstigen Lebensvollzug versagt bleibt, bzw.
als ›momenthafte Insel des Unentfremdeten im Meer lebensweltlicher Entfremdung‹, sondern als unmittelbarer ›Abdruck‹ von Entfremdung selbst.«[27]
Beide Coverversionen zeichnen sich durch große Distanz zum Originaltitel
aus, arbeiten bewusst daran, jenes Feeling, das den Originaltitel zu einem
der beliebtesten Titel der Popgeschichte werden ließ, nicht mehr aufkommen zu lassen. Während allerdings Devo ihrer Coverversion aus dem Jahre
1978 noch den Charme des damals aufkommenden New Wave verleihen,
treiben die Residents ihre Destruktion des Originals bis an den Rand des Un-
genießbaren, zumindest im Kontext jener Hörgewohnheiten, die gemeinhin
in der populären Musik bedient werden.[28] In der Begeisterung für destruktive Coverversionen, wie sie, inspiriert durch die radikale Ästhetik von Punk
und New Wave aufkommen, werden künstlerische Arbeitsweisen prämiert,
die der Tradition modernistischer und avantgardistischer Ästhetik im 20.
Jahrhundert entstammen. Während oben dargelegt wurde, dass der Erwerb
legitimen popkulturellen Kapitals sich dem spezifischen Aneignungsmodus
verdankt, den entsprechend sozialisierte Rezipienten aufgrund ihrer Vertrautheit mit der legitimen Kultur unwillkürlich praktizieren, zeigt sich hier, dass
eine intellektualistische Annäherung an populäre Musik dem Publikum geradezu aufgedrängt wird, wenn die ästhetische Textur der Musik große Nähe
zu bereits anerkannten Strömungen der legitimen Kultur aufweist. Wer legitimes popkulturelles Kapital erwerben will, kann das sowohl als raffinierter
Interpret des Gefälligen, dem man einen dem übrigen Publikum verborgenen
oder gleichgültigen ästhetischen Mehrwert ablauscht, als auch in der Rolle
des Parteigängers für das avancierte Populäre, die eine doppelte Distinktion
erlaubt: Man kann sich gleichermaßen vom populären Geschmack und von
den konventionelleren Varianten des gebildeten, legitimen Geschmacks ab-
grenzen.

Eine ganz andere Form der Coverversion versucht Diedrich Diederichsen
in seiner Kritik zur LP »Kicking Against The Pricks« von Nick Cave aus dem
Jahre 1985 zu nobilitieren: »Schön an der Musik ist, daß der, der entdeckt, daß

27 Johannes Ullmaier, Destruktive Cover-Versionen, S. 72 f.

28 Jason Ankeny beschreibt die Arbeitsweise der bis heute anonym gebliebenen Gruppe so:
   »[T]he Residents channelled the breadth of American music into their idiosyncratic, satiric
   vision, their mercurial blend of electronics, distortion, avant-jazz, classical symphonies and
   gratingly nasal vocals«. In diesem Geiste veröffentlichen sie »an abrasive 1977 cover of the
   Rolling Stones’ ›Satisfaction‹, which became an underground hit on both sides of the Atlantic
   at the peak of the punk movement.« (http://www.allmusic.com/cg/amg.dll)

alles, was er sagen könnte, schon gesagt ist, nicht verzweifeln muß, sondern das Gesagte, groß Gesagte, einfach wiederholen kann.« Nick Cave habe gegen den postmodernen Zeitgeist der frühen achtziger Jahre auf »Distanzierung, Absicherung, Insiderjoke« verzichtet und stattdessen auf die Coverversion als »Intensivierung, Verstärkung« des Originals gesetzt.[29] Auf der Basis jenes großen Selbstbewusstseins, das die intellektualistische Rede über Popmusik seit Punk und New Wave auszeichnet, kann man nun einen Blick auf die Popgeschichte wagen, der nach herausragenden Momenten in den verschiedensten Strömungen und Genres Ausschau hält. Ein Prozess kommt in Gang, der durchaus mit der hochkulturellen Kanonbildung in den verschiedensten Künsten vergleichbar ist. Ein Musiker, der von dem geschärften historischen Bewusstsein in der Wahrnehmung der Popgeschichte profitiert hat, ist der im Jahre 2003 verstorbene Johnny Cash, der sich ironischerweise selber in seinen letzten Lebensjahren darauf verlegt hatte, Coverversions-Alben einzuspielen. So hat er z. B. in seiner von vielen Kritikern gefeierten Coverversion von »Personal Jesus«,[30] eines von Martin L. Gore komponierten Depeche Mode-Songs aus dem Jahre 1990, nicht nur seine hohe Kunst der Interpretation fremden Materials unter Beweis gestellt, sondern auch dazu beigetragen, das Prestige des Originaltitels zu vermehren.

Ob nun destruktive oder als Huldigung an große oder vergessene Momente der Popgeschichte angelegte Coverversionen, beide Varianten des Coverns können sich – wie gerade gezeigt – im kritischen Diskurs über Popmusik behaupten. Allgemein zeichnet sich die intellektuell ambitionierte Rede über Coverversionen, wie man auch beim Blick in die kontinuierlich erscheinende Musikpresse mit ihren mittlerweile sehr breiten Plattenkritikrubriken immer wieder feststellen kann, durch drei zentrale Elemente aus: (1) Reflexivität, (2) Rekurs auf einschlägige Daten und Entwicklungen der Popmusikgeschichte und (3) ästhetische Distinktion. Ad (1): Kaum eine Rezension zu einer Platte, die überwiegend oder besonders bemerkenswerte Coverversionen enthält, lässt sich nicht zu Überlegungen hinreißen, die Sinn und Unsinn der Coverversion, ihr An und Für sich erörtern. Ad (2): Die kritische Rede über Coverversionen bietet den Autoren eine willkommene Gelegenheit, vorhandene Kenntnisse zu demonstrieren, sich darin zu ergehen, pophistorische

---

29 Diedrich Diederichsen, Kicking Against The Pricks [Plattenkritik zu Nick Cave], in: Spex 7/1986, S. 38, wiederveröffentlicht in: ders., 1.500 Schallplatten. 1979–1989, Köln 1989, S. 122 f.

30 Johnny Cashs Coverversion findet sich auf dem Album »American IV: The Man Comes Around« aus dem Jahre 2002.

Zusammenhänge auszubreiten oder doch zumindest den Anschein von Ken-
nerschaft zu vermitteln. Ad (3): Man beurteilt die Qualität der Coverversion
im Hinblick auf die ihr zugeschriebene Haltung zum Original, die z. B. als
Destruktion, Distanzierung, Parodie, Affirmation, Überhöhung, Nostalgie,
Sentimentalität oder wie auch immer definierte Dekonstruktion meist zugleich beschrieben und, sei es positiv oder negativ, bewertet wird. Man begibt
sich also auf die Suche nach der hohen Kunst der Kopie. So schreibt Helmut
Hein in der »Neuen Musikzeitung« (NMZ) über die LP »Romantically Hel-
pless« von Holly Cole: »Holly Cole macht die Interpretationen bekannter
Songs zur hohen Kunst: zu einem Genre, das sich zu den ›Originalen‹ nicht
kannibalisch oder parasitär verhält, sondern all das an ihnen, was noch unab-
gegolten ist, zum Leben erweckt. Bei guten Interpretationen lernt man, mehr
als sonst, das genaue Hören; die Cover-Version ist Schatten und Double,
sie verleiht einem Song Tiefe, sie fasziniert und irritiert auch.«[31] Auch Thomas Venker hebt in der bereits oben erwähnten Kritik zu Martin L. Gores
»Counterfeit²« darauf ab, dass es dem Musiker gelungen sei, sich im Medium
der Coverversion in individueller Manier mit tiefschürfenden Existenzfragen
intensiv zu beschäftigen: »Das Erstaunliche ist, dass Gore all das mit den
Worten anderer ausdrückt. Sein Puzzle gibt den Songs ein derart stimmiges
Umfeld, dass man – ohne Kenntnis des Konzepts Coveralbum und einiger
Originale – gar nicht auf die Idee kommen würde, dass hier jemand seine
Aussage aus denen anderer generiert.« Vor dem Hintergrund eines generellen
Vorbehalts gegenüber Coverversionen, der in der kritischen Rede über Popmusik seit den späten sechziger Jahren zu beobachten ist, den auch der Autor
teilt, wenn er schreibt, dass ein »Coveralbum« »stets dem affirmativen Pleasen
der Meute näher steht als dem wirklichen Kreieren einer eigenen Interpretation, […] dem Erklimmen der nächsten Stufe«, soll Gores Leistung ins rechte
Licht gerückt werden.[32]
   Während mit solchen Betrachtungsweisen hohes popkulturelles Kapital erworben werden kann, zeichnen sich diejenigen, die eher über mittle-
res popkulturelles Kapital verfügen, durch folgende Eigenschaften aus: eine
rudimentäre Reflexivität in der Betrachtung von Coverversionen, eine nur
partielle Kenntnis der Pophistorie (eher abseitige Varianten bleiben außen
vor) und eine mittlere ästhetische Distinktion, die sich darin dokumentiert,
dass man es für nötig hält, sich vom schlichten Mainstream abzugrenzen.

---

31 http://www.nmz.de/nmz/nmz2000/nmz12/pop-nachschub.shtml
32 Thomas Venker, Counterfeit [Plattenkritik zu Martin L. Gore], in: Intro, 5/2003, S. 32.

Man denke nur an das zu Beginn erwähnte Beispiel der Abscheu vor »Hotel California«-Coverversionen im Trance-Pop-Stil. Bleiben die Freunde des perhorreszierten Mainstreams, die sich jeglicher Reflexivität entschlagen und in aller Naivität ihrer Freude oder ihrem Missfallen bzw. ihrer Indifferenz gegenüber einer Coverversion Ausdruck verleihen. Ein Blick in die Charts belehrt darüber, dass vor allem die in HipHop, House und Techno entwickelten, dort immer weiter raffinierten Zitiertechniken des Sampling und Mixing für die Herstellung erfolgreicher Coverversionen nutzbar gemacht werden. Der Musikwissenschaftler Marc Pendzich betrachtet Marushas Coverversion des Judy-Garland-Klassikers »Somewhere Over The Rainbow« aus dem Jahre 1994 als »Startschuss zum großen Recycling der gesamten Rock/Pop-Musikgeschichte«. Den lang anhaltenden Boom tanztauglicher Coverversionen erklärt sich Pendzich so: »Techno-DJs und HipHoper mögen nicht selten innovative Sound-Magiere [sic!] und versierte Rhythmus-Freaks sein, die darüber hinaus gemeinsam die größte popmusikalische Erneuerung seit dem Punkrock hervorgebracht haben – Komponisten von einprägsamen, über mehr als vier Takte reichende Refrains sind sie jedoch nur selten; das ist auch nicht ihr Hauptanliegen. Voraussetzung für einen Hit ist aber auch heute noch in den meisten Fällen das Vorhandensein einer eingängigen Melodielinie […]. Da das nicht das Spezialgebiet der heutigen Musikmacher ist, ihr Zugang zu vorbestehendem Musikmaterial ohnehin ein weitgehend digitaler ist […], liegt es also nahe, der Aufnahme einer Coverversion den Vorzug gegenüber einer eigenen Neukomposition zu geben.«[33] Allerdings sind es gerade nicht die in der kritischen Rede über Techno und HipHop gefeierten »Sound-Magier«, die sich auf die Produktion von Coverversionen eingelassen haben. Während sich die Vertreter mittleren popkulturellen Kapitals vor allem über mangelnden Respekt vor nostalgisch verklärten Ohrwürmern aus ihrer Jugendzeit ereifern, haben sich schon früh die Vertreter einer avancierten elektronischen Musik von Schwundstufen »ihrer« Musik mit der polemischen Bezeichnung »Deppen-Techno« abgegrenzt, wozu in besonderer Weise die technoiden Coverversionen von Schlager-, Pop- und Rocktiteln gezählt wurden. Diese Abgrenzung hat vielleicht innerhalb der Techno-Szene und unter den Anhängern elektronischer Musik zur Verständigung über ästhetische Mindeststandards beigetragen, dem Charts-Erfolg technoider Coverversionen bei einem zumeist jungen, oftmals gar sehr jungen Publikum,

---

33 Marc Pendzich, Alle Jahre Lieder. Die Tendenz zu Coverversionen in Pop, HipHop und Techno, in: Frankfurter Allgemeine Zeitung, 6. Oktober 2001.

das nur über wenig popkulturelles Kapital verfügt, hat das keinen Abbruch getan. So werden die Coverversionen mangels musikhistorischer Kenntnis nicht einmal als solche wahrgenommen, es stellt sich allenfalls ein diffuses Déjà-vu-Erlebnis ein (»die Musik kommt mir doch irgendwie bekannt vor«). Da das Vergnügen an der Musik im Vordergrund steht, und zu diesem Vergnügen auch gehört, gemeinsam mit anderen die Musik zu hören, zu ihr zu tanzen, bleibt für ästhetische Distinktion kein Platz. Sinnliche Freude am Beat, an spezifischen Klängen (*sounds*) und am emotionalen, vielfach auch sentimentalen Nachvollzug der Melodie gehören natürlich nicht nur zum Musikerleben des skizzierten Publikumssegments, sondern spielen auch in der Rezeption der distinguierteren Hörerschaft eine elementare Rolle. Doch diese Gruppe zeichnet sich dadurch aus, dass sie ihren sinnlichen Genuss an der Musik durch kritische, intellektuelle Betrachtung des Gehörten entweder zu vervollkommnen sucht oder ihn der geistigen Freude an der diskursiven Durchdringung der musikalischen Materie unterordnet.

Die in der Einleitung zu diesem Kapitel gestellten Fragen lassen sich nun – wie auch immer vorläufig – beantworten. Im Streit der Meinungen um die Bewertung von Coverversionen bieten sich Gelegenheiten, popkulturelles Kapital zu demonstrieren, zu erwerben und zu vermehren, was naturgemäß damit einhergeht, sich im Feld der Popmusik von Gruppen mit anderen ästhetischen Vorlieben abzugrenzen. Popkulturelles Kapital im Hinblick auf Coverversionen bemisst sich an den Kategorien Reflexivität, pophistorisches Wissen und ästhetische Distinktion. In elaborierter Form präsentiert sich ein solches kulturelles Kapital im avancierten Musikjournalismus, in dem konkurrierende Meinungen über den ästhetischen Stellenwert und die musikalische Qualität von Coverversionen aufeinander prallen. Man bemüht sich in der kritischen Betrachtung von Coverversionen um legitime Unterscheidungen und Bewertungen, über die sich Autoren und Lesepublikum – auch wenn es den jeweiligen Einschätzungen nicht zustimmt – ihrer ›Klasse‹ in dreifacher Weise vergewissern: im soziologischen Sinne Bourdieus, im Sinne einer Generationenzugehörigkeit, die es Individuen aus der Gruppe der ungefähr Gleichaltrigen erlaubt, zum einen sich das jeweilige Hörerlebnis und die damit verknüpften Assoziationen und Erfahrungen zu vergegenwärtigen, sei es der Originale, sei es der Coverversionen, zum anderen sich gemeinsam von anderen Generationen abzugrenzen, und schließlich im wertenden Sinne einer Orientierung an höchsten Qualitätsstandards, die man in der Bemühung um guten oder schlechten Geschmack bei der Einschätzung von Musik zugleich von dieser verlangt und sich selbst abverlangt.

Geschichtsschreibung der Popmusik

Geschichten über die Vergangenheit der Popmusik werden heute in einer Vielfalt von Medien erzählt. Ein breites Publikum zu diesem thematischen Feld hat in den letzten gut zwanzig Jahren das Fernsehen anzusprechen versucht, seit einigen Jahren bietet natürlich auch das Internet vielfältige Möglichkeiten, sich detailliert über die Geschichte der Popmusik zu informieren.[1] Musikkanäle wie MTV und Viva, aber auch die öffentlich-rechtlichen Fernseh- und Radiosender bemühen zu sehr unterschiedlichen Anlässen ihr Archiv: Retrospektiven widmen sich altgedienten Stars, um Aufmerksamkeit für eine aktuelle Veröffentlichung zu erzeugen, darüber hinaus natürlich auch um das Interesse am Back-Katalog wach zu halten; Todesfälle in der Pop-Szene werden zugleich dramatisiert und historisiert; alte Musiksendungen (u. a. »Beat-Club«, »Musikladen«, »Disco«) werden wiederholt und Abschnitte der Geschichte der Popmusik belehrend rekapituliert.

Mit diesen Angeboten können stärker interessierte Pop-Hörer und Fans bestimmter Stars, Musiker und Stile nur wenig anfangen. Ihr großer Bedarf an Informationen, Klatschgeschichten, historischen Genealogien, ästhetisch-stilistischen Bewertungen und ideologischer Überhöhung lässt sich kaum durch Sendungen in Fernsehen und Rundfunk befriedigen, die auf ein diffuses Publikum zugeschnitten sind. Wichtigstes Medium einer intensiven Auseinandersetzung mit der aktuellen und vergangenen Popmusik sind für dieses Publikumssegment Musikzeitschriften und Fanzines. Dort nimmt man sich immer wieder der Musik und jener Zusammenhänge an, auf die sie symbolisch-diskursiv verweist oder in denen sie alltagspraktisch funktioniert. In der Auseinandersetzung mit der Musik und ihren vielfältigen Kontexten werden mehr oder weniger elaborierte, pop-historisch informierte und politisch codierte Vokabulare und Diskurse benutzt.[2] Auf weiterreichende Bedürfnisse nach Wissen und Meinung, denen nicht im Rahmen bewährter musikjournalistischer Genres wie Artikel, Interview, Plattenkritik, Kolumne und Essay Genüge getan werden kann, die musikhistorische Bezüge meist nur beiläufig

---

1 Beispielhaft sei hier die kommerzielle Website www.allmusic.com genannt, die Musiker- und Bandbiographien, Rezensionen zu Plattenveröffentlichungen und einen Überblick über die stilistische Vielfalt der Popmusik anbietet.
2 Vgl. Kap. 5–7 in Vf., Cultural Studies und Pop. Zur Kritik der Urteilskraft wissenschaftlicher und journalistischer Rede über populäre Kultur, Opladen und Wiesbaden 1998.

einfließen lassen, also zu ihrem hinreichenden Verständnis bereits umfassende pophistorische Kenntnisse voraussetzen, sind Buchpublikationen unterschiedlichen Typs zugeschnitten. Im Folgenden werden idealtypisch vier Formen der Geschichtsschreibung über Popmusik unterschieden[3]: Biographie, Lexikon, umfassendere Darstellungen, die sich spezifischer Stile, lokaler, regionaler und nationaler Ausprägungen spezifischer Musikrichtungen und mehr oder weniger umfassender pophistorischer Zeitabschnitte annehmen, und schließlich Texte, die der Wirkungsweise der »Pop-Zauberkraft« in bestimmten Momenten und Entwicklungen der Musik nachspüren.

Die Pop-Historie im Spiegel der Biographie

Die Biographie ist zweifellos die verbreitetste literarische Gattung, die Geschichte der Popmusik, ihrer Protagonisten und Statisten aufzuarbeiten. In den Musiker- und Starbiographien kommen formale Muster zum Tragen, die auch in Darstellungen des Lebens von Schauspielern, Politikern und anderer Berühmtheiten durchschlagen. Es werden mehr oder weniger bedeutsame Stationen der Lebensgeschichte aus einer Perspektive aufgereiht, die intime Nähe mit der im Mittelpunkt stehenden Person herzustellen bemüht ist, wobei zumeist ein grundlegender Charakterzug oder eine bestimmte lebensgeschichtliche Prädisposition der geschilderten Hauptperson akzentuiert wird, welche dem kontingenten Fluss der Ereignisse Kohärenz verleihen soll. Um dieses Bild lebendig zu zeichnen, um das Schaffen und die Leistungen der porträtierten Person in einem möglichst vorteilhaften Licht zu zeigen oder aber auch – im Falle der Skandalbiographie – als Produkt anstößiger Motive und Machenschaften zu entlarven, sind die Biographen darauf angewiesen, zumindest in groben Umrissen die Bedingungen zu vergegenwärtigen, unter denen die Hauptperson heranwächst und später zu Ruhm gelangt. Die Auswahl des für erzählenswert Gehaltenen richtet sich oft nach einigen vorgängig festgelegten, meist psychologisch abgeleiteten Mustern. Zu Lebzeiten erscheinende Biographien von Stars stilisieren deren Lebensweg mit Vorliebe als verdienten gesellschaftlichen Aufstieg: In beengten Verhältnissen aufge-

---

3   Vgl. die weniger akademisch geschnittene Version dieser Typologie in Vf., Formen der Geschichtsschreibung über Popmusik, in: Popmusic: Yesterday – Today – Tomorrow. 9 Beiträge vom 8. Internationalen Studentischen Symposium für Musikwissenschaft in Köln 1993, herausgegeben von Markus Heuger und Matthias Prell, Regensburg 1995, S. 133–150.

wachsen, kamen sie dann – dank ihrer charismatischen Qualitäten – zu legitimen Erfolgen; die damit verbundenen Privilegien werden als gerechter Lohn ihrer außergewöhnlichen Begabung und weiterer wertvoller moralischer Qualitäten präsentiert, für deren Validierung Akte der Wohltätigkeit und andere Ausweise menschenfreundlicher Gesinnung bemüht werden. Posthum erscheinende Biographien über Musiker, besonders über jene, die auffallend früh, unter mysteriösen, anrüchigen Bedingungen oder gar auf gewaltsame Weise verstorben sind, geben beste Voraussetzungen für spekulativ angereicherte Schilderungen ab, in denen verschiedenste Lebensstationen teleologisch auf das vorzeitige Ende bezogen werden. Eine raunende, bedeutungsschwangere Prosa entsteht, die sich in psychologisierender Introspektion ergeht und gelegentlich zur fiktionalen Konstruktion von Dialogen greift, um die Authentizität des Dargestellten wirkungsvoll vorzuspiegeln.

Kritisch lässt sich die generelle Tendenz der Biographie zur Mythisierung des abstrakten Individuums, ihrer unzulässigen Reduktion komplexer historisch-sozialer Konstellationen und Beziehungsgefüge auf psychologisch motivierte Verstrickungen festhalten. Dennoch sind in Biographien über Popmusiker gravierende qualitative Unterschiede festzuhalten, die schon bei der Auswahl der biographisch zu porträtierenden Person beginnen. Stellt sich bei der Lektüre vieler Biographien das schale Gefühl ein, dass ihr Hauptzweck das Ausfüllen einer Lücke innerhalb der angestrebten umfassenden Vermarktung der betreffenden Person ist, so konfrontiert z. B. N. Tosches' Biographie über Jerry Lee Lewis die Leserschaft mit einem existenziellen Anliegen: zentraler Gegenstand ist nichts weniger als »ein Wesen von mythischer Abkunft«.[4] Andere Autoren haben den Ehrgeiz, Lebensstil und Musik ihrer Hauptpersonen auf die gesellschaftlichen und politischen Bedingungen ihres Erfolges, auf die spezifischen Generationserfahrungen ihres Publikums zu beziehen. Umfangreiche lebensgeschichtliche, musikalische und textliche Belege sowie passende Statements aus Interviews und Pressekonferenzen werden versammelt, um z. B. Elvis Presley und die Rolling Stones als paradigmatische Verkörperungen einer Pop-Existenz erscheinen zu lassen.[5] Dadurch rückt die anspruchsvolle

---

4 Nick Tosches, Hellfire. Die Jerry Lee Lewis-Story [Hellfire: The Jerry Lee Lewis Story, 1982], Frankfurt am Main und Berlin 1982, S. 15.

5 In diese Richtung gehen Veröffentlichungen über Elvis Presley: Greil Marcus, Mystery Train. Images of America in Rock'n'Roll Music [1975], third edition, London u. a. 1990, S. 120–175; Alan Posener, Maria Posener, Elvis Presley. Mit Selbstzeugnissen und Bilddokumenten dargestellt, Reinbek bei Hamburg 1993; Philip Norman, The Rolling Stones – Die Geschichte einer Rock-Legende [Symphony for the Devil: The Rolling Stones Story, 1984], München

Aufgabe stärker in den Mittelpunkt, die weiter fortwirkende, historisch nicht erledigte ästhetische Bedeutung ihres jeweiligen Schaffens und öffentlichen Agierens glaubhaft zu machen.

Lexikalische Verwaltung des historischen Wissens über Popmusik

Lexika, die einen schnellen Zugriff auf Personen, Episoden und Stile der Popmusik ermöglichen, entstehen am Ende der sechziger Jahre. Enzyklopädien, deren Einträge ein alphabetisch aufgelistetes, selektiv ausgewähltes Personal abhandeln, fassen in verknappter Form das zusammen, was in Einzelbiographien in epischer Breite entfaltet wird: lebensgeschichtliche Stationen werden rekapituliert, wobei der Umfang der jeweiligen Einträge davon abhängt, welche Bedeutung ihrem Subjekt bzw. ihren Subjekten im Gesamtzusammenhang der Pop-Geschichte zugemessen wird; man dokumentiert Reaktionen auf Musik und Auftreten der Gruppe bzw. des Solokünstlers und nimmt mehr oder weniger vorsichtige Einschätzungen der ästhetischen, ideologischen und kulturhistorischen Relevanz ihres Wirkens vor. Nach anglo-amerikanischem Vorbild stellten Barry Graves und Siegfried Schmidt-Joos ihr erfolgreiches »Rock-Lexikon«[6] zusammen, das auf eine mittlerweile weit über 300.000 Stück liegende Gesamtauflage seit seinem ersten Erscheinen im Jahre 1973 kommt. Ihr Maßstab bei der Bewertung von Hervorbringungen und Ereignissen der Pop-Geschichte – gut gespielte Musik mit möglichst sozialkritischer Tendenz – wird zwar einigen popmusikalischen Stilrichtungen nur bedingt gerecht, was sich besonders deutlich in in der Neuauflage von 1990 zeigt,[7] die aktuelle Entwicklungen von Punk bis HipHop zu berücksichtigen bemüht ist, doch einem solchen Einwand sind jene Errungen-

---

1987. – Amüsante Klatsch-Geschichten, die einen Eindruck davon geben, welche Existenz die Mitglieder der Rolling Stones geführt haben, erzählen Tony Sanchez, John Blake, Sympathy For The Devils. 30 Jahre mit den Rolling Stones [Up and Down With the Rolling Stones, 1991], Köln 1993.

6   Barry Graves, Siegfried Schmidt-Joos, Rock-Lexikon [1973, 1975], Reinbek bei Hamburg 1990.

7   Eine angemessene Einschätzung der Leistung von Graves und Schmidt-Joos muss zudem den qualitativen Unterschied ihrer Arbeit in sprachlicher und inhaltlicher Hinsicht zu solch indiskutablen Versuchen wie denen der Verlage Taurus Press (Christian Graf, Rockmusik Lexikon Europa, 2 Bde., Hamburg 1986; Christian Graf, Rockmusik Lexikon Amerika, 2 Bde., Hamburg 1989) und Econ (Frank Laufenberg, Ingrid Hake, Rock- und Poplexikon, Düsseldorf und Wien 1994) berücksichtigen.

schaften entgegenzuhalten, die Graves/Schmidt-Joos mit ihrem Werk für sich reklamieren können: So werden von den Autoren immer wieder Zitate aus den führenden Blättern der anglo-amerikanischen Musikpresse eingearbeitet, die mit einem ungewöhnlichen Vokabular des Schreibens über Popmusik und einem Modus der intellektuellen Auseinandersetzung bekannt machen, der den selbstgenügsamen Rahmen einer historistischen, lexikalischen Abhandlung sprengt.[8] Terminologisch liegt dem Rock-Lexikon ein umfassender Rock-Begriff zugrunde. So spricht Schmidt-Joos in seinen einführenden Bemerkungen aus dem Jahre 1975 davon, dass der Rock'n'Roll der fünfziger und die Popmusik der sechziger Jahre »heute unter der Bezeichnung Rock zusammengefasst werden«.[9] Erst der Nachfolger des Rock-Lexikons aus dem Hause Rowohlt, das Pop-Lexikon aus dem Jahre 2002,[10] wird die Fixierung auf den Begriff Rock aufgegeben, der ja bekanntlich im Diskurs über populäre Musik zur Abgrenzung gegenüber einer angeblich qualitativ minderwertigen, auf kommerziellen Erfolg programmierten Musik diente, die vornehmlich von einem unreifen, sehr jungen und zumeist weiblichen Publikum rezipiert werde.[11]

Später erscheinen Sach-Lexika, die sich der mittlerweile recht umfangreichen Fachterminologie, wie sie in Zeitschriften und Büchern über Popmusik anzutreffen sind, annehmen: Informationen über die Funktionsweise von In-

---

8 Der im Jahre 1994 verstorbene Barry Graves hebt im Vorwort zur 1990 erschienenen Ausgabe des Rock-Lexikons emphatisch die Bedeutung der »afrikanisch-amerikanischen Kultur« hervor, »ohne die die moderne Rockmusik einfach nicht existieren könnte.« Sie verdanke alles »schwarzen Künstlern aus den US-Südstaaten, amerikanischen Großstadt-Ghettos und der karibischen Region – vom ersten Elektro-Gitarristen T-Bone Walker bis zu den Rap-Artisten aus der Bronx, aus Los Angeles und Miami, die allein es heutzutage verstehen, der Rockmusik ein Gefühl von Drama, Leidenschaftlichkeit, Risiko und Glaubwürdigkeit zu geben.« Barry Graves, Siegfried Schmidt-Joos, Bernward Halbscheffel, Rock-Lexikon, Reinbek bei Hamburg 2003, S. 9.

9 Graves et al. 2003, S. 14.

10 Siegfried Schmidt-Joos, Wolf Kampmann, unter Mitarbeit von Barry Graves und Bernward Halbscheffel, Pop-Lexikon, Reinbek bei Hamburg 2002.

11 W. Kampmann schreibt in der »Einführung« zum »Pop-Lexikon«, dass es nicht darum gehe, »den kommerziell besetzten Pop-Begriff zu bedienen und aufzufrischen, sondern um einen möglichst repräsentativen Überblick über die Populärmusik der letzten 50 Jahre. Wir verstehen Pop nicht als musikalischen Stil oder Trend, sondern als Sammelbegriff für eine Vielzahl musikalischer Richtungen von Country, Folk, Blues, Rock'n'Roll, R & B und Soul über Funk, Beat, Hard Rock und Heavy Metal in all seinen Spielarten, Reggae, Ska, Gothic, Punk und Hardcore, Alternative, Grunge und Crossover bis Lo-fi, Hip Hop, House, Acid Jazz, Industrial, Techno, Drum'n'Bass, Post Rock und Ambient.« Ebd., S. 11.

strumenten, Studiotechnik, die ökonomischen Bedingungen der großen und
kleinen Musikindustrie finden sich neben Versuchen, allgemeine Begriffe zu
klären. Wenig überraschend offenbaren diese Erläuterungen grundsätzliche
Vorstellungen über den Stellenwert von Popmusik in ästhetischer und politischer Hinsicht. Ähnliches gilt für pop-historische Festlegungen, die dabei
vorgenommen werden. Hier sind für den deutschen Sprachraum die Werke
von Halbscheffel/Kneif und Ziegenrücker/Wicke zu nennen. Letztere, Musikwissenschaftler aus der DDR, wenden sich »an all diejenigen, die in Aus-
bildungseinrichtungen, Massenmedien oder den weit verzweigten kulturellen
Institutionen beruflich mit dieser Musik [der populären Musik, R. H.] umgehen.« Ihr Anliegen ist es, »die verschiedenen Formen der populären Musik«
nicht als defizitäre Derivate der E-Musik, sondern »als eigenständige Kunst-
praxis zu begreifen.«[12] Die bundesrepublikanischen Autoren des »Sachlexikon
Rockmusik« möchten ihr Buch als »Nachschlagewerk für den Rockhörer«
verstanden wissen. In einer schwammigen, defensiv ausgerichteten Sprache
ist im Vorwort, das sich zum ästhetischen Status der Rockmusik äußert, zu
lesen: »Rockmusik wird in derart großen Mengen regelrecht verbraucht,
daß kaum noch die Möglichkeit erkannt wird, Rockmusik als Kunstform zu
nehmen, die in ihren Ausdrucksmöglichkeiten anderen Kunstformen nicht
nachstehen muß.«[13] Einmal mehr wird in der elaborierten Rede über Popmusik das Faktum ihrer massenhaften Verbreitung in elitärer Manier zum
kritischen Einwand gegen das Ernstnehmen ihrer ästhetischen Oberfläche
und ideologisch-kulturellen Gehalte. Beide Lexika bestehen einen exemplari-
schen Säuretest nicht: Was über den sozialen und politischen Charakter von
HipHop zu erfahren ist, reicht über schlichte Widerspiegelungsrhetorik nicht
hinaus: »Der wirtschaftliche Niedergang der Stadt [New York, R. H.] [...]
hatte insbesondere den südlichen Teil der Bronx (South Bronx) in ein soziales
Wüstenfeld verwandelt, das damit zu einem Zentrum der Jugendkriminalität
wurde. Der Verwahrlosung Jugendlicher in nachbarschaftlicher Selbsthilfe
durch sinnvolle Freizeitangebote zu begegnen, um den heftig miteinander
rivalisierenden Banden den Boden zu entziehen und ihnen zugleich andere
Formen der Auseinandersetzung und des Wettstreits anzubieten, war eines
der wesentlichen Motive für das Aufkommen mobiler Diskotheken«.[14] Der

---

12 Wieland Ziegenrücker, Peter Wicke, Sach-Lexikon Popularmusik [1987], 2. Auflage, Mainz
    und München 1989, S. 5.
13 Bernward Halbscheffel, Tibor Kneif, Sachlexikon Rockmusik. Instrumente, Stile, Techniken,
    Industrie und Geschichte, Reinbek bei Hamburg 1992, S. 7 f.
14 Wieland Ziegenrücker, Peter Wicke, Sach-Lexikon Popularmusik, S. 465.

neuere enzyklopädische Versuch befindet über die »Aussagen in den Texten« des neueren HipHop kurzerhand: »[S]ie spiegeln das Leben der unteren sozialen Schichten in den US-amerikanischen Großstädten wider.«[15]

Auflösung der Geschichte der Popmusik in Stilgeschichten

Auch Abhandlungen zu einzelnen Stilen der Popmusik bedienen sich enzyklopädischer Darstellungsformen.[16] Wenig aussichtsreich erscheinen in einer stark diversifizierten Musikszene Versuche von Einzelautoren, größere Zeiträume der Pop-Geschichte abhandeln zu wollen.[17] Der generelle Vorzug einer Konzentration auf einzelne Stile von Blues und Soul über Punk bis HipHop ist, dass zumeist ausgewiesene Fachleute mit der jeweiligen Musik, ihren historischen Wurzeln, sozialen Bedingungen, musikalisch-ästhetischen Formen und semantisch-ideologischen Gehalte befasst sind.[18] Aber auch wenig erfreu-

---

15 Bernward Halbscheffel, Tibor Kneif, Sachlexikon Rockmusik, S. 179 f.

16 So z. B. Nelson Havelock, Michael A. Gonzales, Bring the Noise. A Guide to Rap Music and Hip-Hop Culture, New York 1991.

17 Raoul Hoffmann, Rock Story. Drei Jahrzehnte Rock & Pop Music von Presley bis Punk, Frankfurt am Main u. a. 1981, macht sich anheischig, einen vergleichsweise großen Zeitraum darstellen zu wollen, auch wenn dann über Punk noch nicht einmal eine ganze Seite zu lesen ist. Wolfgang Tilgner, Psalmen, Pop und Punk. Populäre Musik in den USA, Berlin 1993, konzentriert sich zwar, wie der Untertitel seines Buches anzeigt, auf populäre Musik in den USA, doch auch bei diesem Vorhaben nimmt er sich hoffnungslos. Über eine recht oberflächliche Abhandlung der Rolle von Frauen in der Pop-Geschichte kommt Gillian G. Gaar, Rebellinnen. Die Geschichte der Frauen in der Rockmusik [She's a Rebel: The History of Women in Rock & Roll, 1992], Hamburg 1994, nicht hinaus. Von der Konzentration auf die Tradition der Girl Groups profitiert Charlotte Greigs kenntnisreiches, geschmackssicheres Buch Will You Still Love Me Tomorrow? Mädchenbands von den 50er Jahren bis heute [Will You Still Love Me Tomorrow? Girl Groups from the 50s on …,1989], Reinbek bei Hamburg 1991.

18 Vgl. z. B. die soliden Abhandlungen von Paul Oliver, Blues fell this morning [Blues Fell This Morning. Meaning in the Blues, 1960], Andrä-Wördern 1991; Arnold Shaw, Soul. Von den Anfängen im Blues bis zu den Hits aus Memphis und Philadelphia [The World of Soul. Black America's Contribution to the Pop Music Scene, 1970], Reinbek bei Hamburg 1980; ders., Die Story des Rock'n'Roll. Die Stars, die Musik und die Mythen der 50er Jahre [The Rockin 50's. The Decade That Transformed the Pop Music Scene, 1974], Reinbek bei Hamburg 1978; David Laing, One Chord Wonders: Power and Meaning in Punk Rock, Milton Keynes 1985; David Toop, The Rap Attack: African Jive to New York Hip Hop, London 1984; David Toop, Rap Attack 2: African Rap To Global Hip Hop, London 1991. Das ehrenwerte, partiell informative Unterfangen von Klaus Kuhnke, Manfred Miller, Peter Schulze, Ge-

liche Beispiele einer ärgerlichen Oberflächlichkeit und einer gedankenlosen
Anhäufung historischer Details sind in diesem Zusammenhang zu verzeich-
nen.[19]
    Zu einer überzeugenden Bestimmung der ästhetisch-ideologischen Sig-
nifikanz einer Stilrichtung gelangt man wohl nur, wenn große Vertrautheit
im Umgang mit dem musikalischen Material und intensive Wahrnehmung
außermusikalischer Gegebenheiten, das Wissen um ökonomische, soziale,
politische und ideologische Zustände und Auseinandersetzungen zusammen-
kommen.[20] Ludgera Vogt hat in einem ausgezeichneten Aufsatz dargetan,

---

schichte der Pop-Musik, Band 1 (Bis 1947), Bremen 1976, kann seinen Anspruch, Musik auf
die sie ermöglichenden ökonomischen, historisch-sozialen Bedingungen und auf ihre Rolle
im Kampf um die Veränderung dieser Bedingungen schlüssig zu beziehen, nur unzureichend
einlösen; zumeist bleibt es bei einem schlichten Widerspiegelungs-Marxismus. Dem entgehen zwar die französischen Jazz-Kritiker Philippe Carles und Jean-Louis Comolli in ihrem
ausgezeichneten Buch »Free Jazz Black Power« [Free Jazz – Black Power, 1971], Frankfurt am
Main 1974, indem sie sich Einsichten des strukturalen Marxismus von L. Althusser aneignen;
ihre konsequent anti-historische Betrachtung der schwarzen Jazzgeschichte, die offensiv ihren Ausgangspunkt im Free Jazz als der ästhetisch und politisch fortgeschrittensten Spielart
des Jazz bestimmt, leidet jedoch darunter, dass sich die Autoren systematisch Illusionen über
die faktische Verbreitung eines revolutionären, anti-kapitalistischen, anti-separatistischen Be-
wusstseins unter den Musikern und dem Publikum des Free Jazz hingeben.
19 So ist Angela Krewanis Aufsatz, Die Welt ist schlecht, das Leben ist schön. Tendenzen in der
   Musik der 80er Jahre, in: Aufbruch in die Neunziger. Ideen, Entwicklungen, Perspektiven
   der achtziger Jahre, herausgegeben von Christian W. Thomsen, Köln 1991, S. 255–279,
   lieblos und fehlerhaft geraten. – Ansgar Jerrentrup, Techno – Musik und ihr eigenwilliges
   Szenario. Anmerkungen zu einer musikalischen Un-Art, in: Popmusic: Yesterday – Today
   – Tomorrow. 9 Beiträge vom 8. Internationalen Studentischen Symposium für Musikwissenschaft in Köln 1993, herausgegeben von Markus Heuger und Matthias Prell, Regensburg
   1995, S. 107–121, bemüht sich mit der teils rührenden, teils ärgerlichen Naivität desjenigen,
   dem die feinen und groben Differenzierungen zur Betrachtung der neueren Popmusik und
   des sie begleitenden Diskurses fehlen, auf den Reiz einer – aus seiner Sicht – reizlosen Musik,
   gemeint ist Techno, einzulassen. Götz Alsmann, Nichts als Krach. Die unabhängigen Schallplattenfirmen und die Entwicklung der amerikanischen populären Musik 1943–1963, Drensteinfurt 1985, führt vor, wie sich einem bekennenden »Schallplattensammler« – der über die
   sonstigen Gehalte und Wirkungen der amerikanischen Popmusik zwischen den Jahren 1943
   und 1963 kaum mehr zu sagen weiß, als dass sie »die Jugendlichen zu einer Kulturgemein-
   schaft zusammenschweißte, sie aber gleichzeitig von all jenen trennte, die mit ihr (der Musik)
   nichts anfangen konnten, die sie nicht verstanden« – das Phänomen kleiner, unabhängiger
   Schallplattenfirmen darstellt, denen »die Vielfalt amerikanischer Musik« zu danken sei (S. 7,
   S. 129 und S. 9).
20 Kulturkritisch gestimmte Musikwissenschaftler wie Rainer Flender, Helmut Rauhe, Popmusik. Aspekte ihrer Geschichte, Funktionen, Wirkung und Ästhetik, Darmstadt 1989, wollen
   das »Wesen der Popmusik« weiter darin erkennen, dass es »sich bei näherer Analyse primär
   als das ›außermusikalische‹ Phänomen einer spezifischen Kommunikationsstruktur [erweist],

dass Wissenschaftler bei Produkten, denen gar kein oder nur minderer ästhetischer Rang zugestanden wird, schnell zur sozialpsychologischen Objektivierung übergehen: »[D]er Zugriff auf Massenkultur [erfolgt] über Verbreitungs-, Wirkungs- und Funktionsanalysen.«[21] So informativ und gehaltvoll Abhandlungen zu einzelnen Stilen der Popmusik auch sein können, ihr großer Nachteil ist, dass die nachhaltige Wirkung der Musik, sei es eines Songs von Elvis Presley oder eines Stücks wie »Anarchy In The U.K.« von den Sex Pistols, sich oftmals in der Aneinanderreihung von Anekdoten, Erinnerungen, Erfolgs- und Misserfolgsgeschichten verflüchtigt. Das verbindet diese Form der Geschichtsschreibung mit dem Genre Biographie, in dem es den Autoren nur selten gelingt, einen umfassenden Zusammenhang herzustellen, in dem Auftreten und Image der Musiker und Sänger und ihre auf Tonträgern vergegenständlichten und in Live-Auftritten erfahrbaren ästhetisch-musikalischen Resultate nicht als isolierte Momente auseinander fallen.

---

die sich unter bestimmten sozialpsychologischen Bedingungen blitzartig aufbauen kann und ebenso schnell wieder zerfällt« (ixf.). Vgl. dazu auch die Ausführungen von Michael Fuhr, Populäre Musik und Ästhetik, S. 73, der darauf hinweist, dass die Autoren die populäre Musik sozialpsychologisch objektivieren und sie nicht »als eine nach eigenen Prinzipien waltende Weise, Realität und Erfahrung zu stiften«, anerkennen. Die Autoren des Sammelbandes Chasin' a Dream. Die Musik des schwarzen Amerika von Soul bis HipHop, herausgegeben von Gerald Hündgen, Köln 1989, konzentrieren sich kenntnisreich auf ihren Gegenstand, gelangen dabei jedoch nur selten zu interessanten Beobachtungen und Thesen. Auch der partiell an den Forschungsstand der anglo-amerikanischen Cultural Studies anschließende Peter Wicke, Vom Umgang mit Popmusik, Berlin 1993, sieht Popmusik im Einklang mit seinen Fachkollegen vor allem als »machtvolle Sozialisationsinstanz«, da der Umgang mit ihr keine »musikalische Kompetenz« im Sinne der legitimen Musikkultur erfordere, sondern es »um den Erwerb sozialer Kompetenz« gehe: »Um Geschlechterbeziehungen und Rollenverhalten, Lebenshaltungen und Lebensstil, um kollektive Werteerfahrungen, um das Ausagieren von Emotionalität und Frust.« (S. 14 und S. 7) Damit folgt der Autor der üblichen jugendsoziologischen Annäherung an Jugendkultur und Popmusik (z. B. Peter Spengler, Rockmusik und Jugend. Bedeutung und Funktion einer Musikkultur für die Identitätssuche im Jugendalter, Frankfurt am Main 1985; Praxishandbuch Rockmusik in der Jugendarbeit, herausgegeben von Wolfgang Hering, Burkhard Hill und Günter Pleiner, Opladen 1993).

21 Ludgera Vogt, Kunst oder Kitsch: ein »feiner Unterschied«? Soziologische Aspekte ästhetischer Wertung, in: Soziale Welt 45 (1994), S. 363–384, hier S. 368.

Dramatisierung des utopischen Moments
in der Geschichte der Popmusik

Avancierte Formen der Geschichtsschreibung im Feld der Popmusik zeichnen sich dadurch aus, dass sie das symbolische Universum, in dem die Musik situiert ist, als signifikantes ästhetisches Phänomen ernst nehmen. Auf drei bemerkenswerte Beispiele wird im Folgenden ausführlicher einzugehen sein: Greil Marcus' Buch »Lipstick Traces«,[22] Jon Savages umfassende Darstellung der Geschichte des Punk in »England's Dreaming«,[23] in dem der Autor besonderes Augenmerk auf die Entwicklung der Sex Pistols legt, und schließlich auf Simon Reynolds' Porträtierung maßgeblicher Vertreter der avancierten Popmusik der Jahre 1978–1984 unter dem Titel »Rip It up and Start again«.[24]

Was ideengeschichtlich versierte Journalisten und andere Beobachter von Punk schon recht früh bemerkten, nämlich dass das Gebaren der Musiker, das optische Erscheinungsbild von Plattencovern, Konzertankündigungen und Fanzines, der provokative Gestus von Songtexten und Interviewäußerungen Ähnlichkeiten und Verwandtschaften mit zwei avantgardistischen Strömungen, Dadaismus und Situationismus, aufweist, macht Marcus zum Gegenstand einer eingehenden »Secret History of the Twentieth Century«. Dem Autor geht es nicht allein um den stringenten Nachweis des Einflusses, den z. B. die Tradition des Situationismus, vermittelt über die Art-School-Vergangenheit von Malcom McLaren und Jamie Reid, dem Manager bzw. graphischen Gestalter von u. a. Plakaten, Plattencovern der Sex Pistols, auf die Gruppe ausgeübt hat. In Anlehnung an eine von Walter Benjamin prominent formulierte Denkfigur, dass in revolutionären Augenblicken die gesamte Geschichte aller vergangenen, von ähnlichen Impulsen getragenen Versuche ins Spiel kommt, das Kontinuum des Immergleichen aufzubrechen,[25] sieht

22 Greil Marcus, Lipstick Traces. Von Dada bis Punk – kulturelle Avantgarden und ihre Wege aus dem 20. Jahrhundert [Lipstick Traces. A Secret History of the Twentieth Century, 1989], Hamburg 1992.

23 Jon Savage, England's Dreaming. Sex Pistols and Punk Rock, London 1991.

24 Simon Reynolds, Rip It Up and Start Again. Post Punk 1978–1984, London 2005.

25 Vgl. Walter Benjamin, Geschichtsphilosophische Thesen, in: ders, Zur Kritik der Gewalt und andere Aufsätze [1965], 4. Auflage, Frankfurt am Main 1981, S. 78–94. Andrew Ross, The Rock'n'Roll Ghost, in: October 50 (1989), S. 108–117, nennt Marcus »one of the most passionate interpreters of rock'n'roll's capacity to deliver an immediate sense of what utopia feels like, as opposed to the more articulate obligation to say what utopia looks like or thinks like.« (S. 111) Solche utopischen Momente erspüre Marcus im Vortrag so unterschiedlicher

sich Marcus berechtigt, von scheinbar vagen Assoziationen zu längeren Ex-
kursen überzugehen. Marcus' Ausgangspunkt ist eine intensive Rekonstruktion eines persönlichen Einschnittes: das Hören des Punk-Songs »Anarchy
In The U.K.« der Sex Pistols. Von der erschütternden psycho-physischen
Erfahrung gelangt er zu jenen höchsten ästhetischen, politischen Implikatio-
nen, die mit der Musik imperative Kraft gewinnen. In Marcus' emphatischer
Punk-Rezeption leisten die Sex Pistols mit ihrer Musik genau das, worauf
es avantgardistischen Künstlern mit ihrer Arbeit ankommt: »Die Sex Pistols
schlugen eine Bresche in das Pop-Milieu, in die Mauer überkommener kultureller Voraussetzungen, die Hörerwartungen und zu erwartende Reaktionen
bestimmten. Weil überkommene kulturelle Voraussetzungen hegemonische
Annahmen darüber sind, wie die Welt angeblich funktioniert – als Naturge-
setze aufgefaßte und erfahrene kulturelle Konstrukte –, schlug die Bresche im
Pop-Milieu auf den Bereich des Alltagslebens durch: [...] auf die allgemeinen
Lebensumstände der Menschen.«[26] Nachdem Marcus in eindringlicher Form
eine Reihe weiterer Punk-Stücke vergegenwärtigt hat, schreibt er: »Was an
dieser Musik überdauert, ist ihr Wunsch, die Welt zu verändern. [...] Der
Wunsch beginnt mit dem Anspruch, nicht als Objekt, sondern als Subjekt
der Geschichte zu leben, so zu leben, als hänge von dem, was du tust, tatsächlich etwas ab, und dieser Anspruch eröffnet neue Perspektiven. Die Musik
verdammte Gott und den Staat, Arbeit und Freizeit, Heim und Familie, Sex
und Vergnügen, das Publikum und sich selbst und machte es dadurch für
kurze Zeit möglich, alle diese Dinge nicht als Tatsachen, sondern als ideologische Konstrukte anzusehen, als etwas Fabriziertes, das sich ändern oder
völlig abschaffen ließ.« Und weiter heißt es: »Im Pop-Milieu, einer Arena, die
sich die Gesellschaft hielt, um Symbole zu erzeugen wie zu entschärfen, in
dem einzigen Milieu, wo ein Niemand wie Johnny Rotten eine Chance hatte,
gehört zu werden, waren alle Regeln außer Kraft gesetzt. In Tönen, die die
Popmusik noch nie von sich gegeben hatte, waren Ansprüche zu hören, die
die Popmusik noch nie erhoben hatte.«[27] Auf dieser Grundlage setzt Marcus

---

Sänger wie den Orioles und Johnny Rotten: »The isolation and recall of such moments is
consistent with the Lebfebvrian or situationist version of history, which locates meaning
not in the objective structures of social and economic life – the grand mimetic narratives of
scientific socialism, for example – but rather in the utopian epiphanies of everyday life, where
a surprising reinvention of the ordinary, the trivial, and the marginal is creatively transformed
into a volatile micropolitics.« (S. 111 f.)

26 Greil Marcus, Lipstick Traces, S. 9.

27 Ebd., S. 11 f. und S. 12.

dann zu seiner Geschichte von Dadaismus und Situationismus an: Es werden
jene Ereignisse, Aktionen sorgsam beschrieben, die sich einer verharmlosen-
den Rezeption als Kunst entzogen, die die Grenze zwischen Kunst und Leben
zu überschreiten versuchten.[28]

So eindrucksvoll Marcus auch Parallelen zwischen dem Kleidungsstil eini-
ger junger Leute aus dem Umfeld der Lettristen Anfang der fünfziger Jahre
und Stilmomenten des Punk herstellt, es stellt sich doch die grundsätzliche
Frage, ob es sinnvoll ist, sehr unterschiedliche historische Ereignisse und Strömungen auf suggestive Weise in einer »secret history« zusammenzuführen.
Bedenken äußert Andrew Ross in seiner Rezension zu »Lipstick Traces«: Der
Situationismus müsse als avantgardistisches Projekt am Rande der legitimen
Hochkultur verstanden werden, wohingegen Punk seine subversiven Energien
im Feld der Popkultur entfalte. Gegen Marcus' Überbetonung des überzeit-
lichen Charakters einer nihilistisch-apokalyptischen Rhetorik ruft Ross die
sozialen, politischen und pop-ästhetischen Bedingungen in Erinnerung, ohne
die Punk nicht zu denken sei. Er streicht »the role of popular desires« heraus,
vor allem des »brilliant, popular hunger generated by the music itself«, wofür
jedoch die Vertreter der Kritischen Theorie und des Situationismus kein Sen-
sorium hätten: »That avant-garde cultural theory, whether Frankfurt or situationist, has neither the will nor the analytic power to include the nature or
configuration of popular desires in its reckoning, except to present these desires as falsely constructed, is a testament to the historical and political blind-
ness of the avant-garde in this century.«[29] Marcus' Verdienst ist zweifellos,
dass ihm in seinen kraftvollen, engagierten Beschreibungen der Sex Pistols
gelungen ist, Möglichkeiten der Kontextualisierung von Popmusik ausge-
schöpft zu haben, die im Rahmen einer nüchternen historisch-soziologischen
Betrachtungsweise vernachlässigt werden oder gänzlich unberücksichtigt
bleiben. Entsprechend benennt er an einer Stelle das Vorhaben der Gruppe
Sex Pistols: Sie habe mehr sein wollen »als ein Stichwort in der nächsten

---

28 Vgl. dazu die Ausführungen von Thomas Hecken, Gegenkultur und Avantgarde 1950–1970.
    Situationisten, Beatniks, 68er, Tübingen 2006, S. 21–37.
29 Andrew Ross, The Rock'n'Roll Ghost, S. 111. Am Schluss kommt Ross auf diese Kritik zu-
    rück und wendet sie gegen Marcus' Einfall, dass der Lettrist Isidore Isou genauso aussehe wie
    Elvis Presley: »[B]ut there are many material explanations as to why he [Isidore Isou, R. H.]
    was not and could not have been Elvis Presley. These explanations are part of a not-so-secret
    history of the twentieth century, which now, largely because of Marcus' book, remains to be
    written about and fully debated.« (S. 117)

überarbeiteten Ausgabe eines soziologischen Nachschlagewerks über Jugendkulturen im Nachkriegsgroßbritannien«.[30]

Wichtige kritische Punkte, die sich auf grundsätzliche Weise mit Marcus'
Form der Geschichtsschreibung auseinander setzen, macht Diedrich Diederichsen geltend. Marcus überwinde zwar das in der journalistischen und
akademischen Rede über Popkultur vielfach zu beobachtende Sich-Begnügen
mit kurzschlüssigen soziologischen Ableitungen, jedoch um den Preis eines
verengten, mythologisierenden Blicks auf die wenigen großartigen utopischen Momente, deren Scheitern dann nur noch die melancholische Perspektive historischer Vergegenwärtigung, die Marcus einnimmt, möglich macht:
»Das Scheitern des Versuchs, die Welt zu verändern, beflügelte offenbar die
Lust Greil Marcus' [...], sich der Geschichte zuzuwenden (also anderer Leute
Scheitern zu beobachten).« Und weiter unten heißt es: »Nachdem das affektive Besetzen in der Jugendrevolte durch deren Zerschlagung (oder vielleicht
auch durch das Eintreten in ein Alter, das das Mitmachen bei nur durch Ju-
gendlichkeit bedingten Revolten nicht mehr zuläßt) gestört wurde, setzt eine
historische Reflektion ein, die die primäre Besetzung einer ›fremden‹ Musik/
Ästhetik/Lebensform entweder in eine historisch und sozial bedingte Kon-
tinuität integriert (und durch das Erkennen dieser Bedingungen entschärft)
oder sie als sympathisierendes Einverständnis mit einer ewigen menschlichen
Wahrheit kennzeichnet. Solches Vorgehen gibt die Hoffnung auf, den jeweils
nächsten Schritt verstehen zu können, den der soeben noch affektiv besetzte
Gegenstand macht.«[31] Diederichsens Plädoyer für eine kontinuierliche Aufmerksamkeit auch gegenüber solchen Entwicklungen in der Popkultur, die
offensichtlich nicht etwas ganz Neues abgeben, korrigiert Marcus' einseitige
Konzentration auf die wenigen großen utopischen Momente, in denen jeweils für einen Augenblick alles möglich scheint, im nächsten jedoch schon
die Depression des Scheiterns einsetzt.

Jon Savage macht in seiner Geschichte des Punk und der Sex Pistols einen vorsichtigeren Gebrauch von einer Rhetorik des utopischen Pathos. Zwar
ist auch für ihn Punk ein tiefer Einschnitt in der Geschichte der Popkultur
und gleichermaßen in seiner Lebensgeschichte, was Tagebuchaufzeichnungen
dokumentieren, die an den dramatischen Wendepunkten der dargestellten
Ereignisse und Entwicklungen in den Text hineinmontiert werden. Doch die

30 Greil Marcus, Lipstick Traces, S. 17.
31 Diedrich Diederichsen, Freiheit macht arm. Das Leben nach Rock'n'Roll 1990–93, Köln
1993, S. 79 und S. 80.

sorgfältige Rekonstruktion der relevanten Stile der Popmusik und ihrer subkulturellen Aneignung bis Punk sowie die scharfe Ausleuchtung des biogra-
phischen Werdegangs von Malcom McLaren und seiner anfänglich starken,
später nachlassenden Einflussnahme auf den Werdegang der Sex Pistols lassen keinen Platz für eine mythologisierende Überhöhung von Punk. So liest
sich Savages Fazit über die Situation im Frühjahr 1979, das allerdings recht
spekulative Parallelen zwischen dem Ende von Punk und dem Wechsel der
politischen Machtverhältnisse in England zieht, wie eine durch historisch-
soziologisches Wissen profanisierte Version des gewaltigen Pathos, von dem
Marcus' Sicht auf Punk getragen wird: »Punk was beaten, but it had also won.
If it had been the project of the Sex Pistols to destroy the music industry,
then they had failed; but as they gave it new life, they allowed a myriad of
new forms to become possible. When Punk entered the music and media in-
dustries, its vision of freedom was eventually swamped by New-Right power
politics and the accompanying value systems, but its original, gleeful negation
remains a beacon. History is made by those who say ›No‹ and Punk's utopian
heresies remain its gift to the world.«[32]
    Mit dem, was von Punk in der unmittelbaren Folgezeit übrig geblieben
ist, beschäftigt sich Simon Reynolds in seiner musikjournalistisch gehaltenen
historiographischen Aufarbeitung von »post-punk«. Unter diesem Begriff ru-
briziert er die Entwicklungen der Jahre 1978 bis 1984, wobei er dann noch
einmal zwischen »post-punk« im engeren Sinne und Bestrebungen unterscheidet, die bei ihm als »new pop« und »new rock« firmieren. In den einzelnen Kapiteln werden dann die ästhetisch-ideologischen Exponenten jener
Jahre in den USA und vor allem in Großbritannien vorgestellt, der jeweilige geographische und sozio-ökonomische Kontext ihrer Herkunftsregion
skizziert, die ersten Schritte auf dem Weg zu Konzertauftritten und Plattenveröffentlichungen rekapituliert, das Agieren und das Sich-Präsentieren der
Akteure in der Öffentlichkeit vergegenwärtigt. Reynolds bezieht dabei seine
Informationen sowohl aus den damaligen Artikeln über die Musikerinnen
und den Interviews mit ihnen in der Musikpresse als auch aus Gesprächen,
die er nachträglich mit den Protagonisten und Personen aus ihrem Umfeld

---

32 Jon Savage, England's Dreaming, S. 542. Der Unterschied zwischen dem radikalen Akzen-
   tuieren von Diskontinuität bei Marcus und der vorsichtigen, aber bestimmten Betonung
   von Kontinuitäten bei Savage zeigt sich beispielhaft daran, dass im Anhang von »England's
   Dreaming« eine kommentierte Diskographie zu finden ist, die neuere stilistische Entwicklungen in der Popmusik wie Acid-House am Ende der achtziger Jahre auf jene nachhaltigen
   Veränderungen bezieht, die die Musik-Szene durch Punk erfahren hat.

geführt hat. Das sorgt für eine dichte Darstellung der einzelnen Acts. Der Versuch, ein komplexes Bild vom Agieren der Musikerinnen und Gruppen zu vermitteln, leidet jedoch darunter, dass Reynolds sich in seinen Ausführungen häufiger an deren jeweiliger Diskographie entlang hangelt. Damit nimmt das Buch lexikalische Züge an, die zwar dessen Informationsgehalt für die mit dieser Phase der Popmusikgeschichte weniger vertraute Leserschaft steigern dürfte, allerdings dem eigenen hoch angesetzten Anspruch zuwiderlaufen, nämlich »to go for the big picture and capture post-punk as what it was: a counter-culture that was fragmented yet shared a common belief that music could and should change the world.«[33]

Anstatt sich damit zu begnügen, mehr oder wenig locker verknüpfte Porträts in einem Buch zu versammeln, begibt sich Reynolds auf das glatte Parkett der Epochenbildung, das ja schon aus der konventionellen Kultur- und Geistesgeschichte für seine Tücken bekannt ist, indem er seinen Gegenstand sowohl nach hinten vom Punk der Jahre 1976/77 und nach vorne von den weiteren Entwicklungen in der Popmusik ab dem Jahre 1985 abgrenzt. Vom letztgenannten Zeitpunkt an habe man sich vom Konzept der Avantgarde verabschiedet und der postmodernen Haltung des Retro anheim gegeben.[34] Sicherlich sind im Laufe der achtziger Jahre Retro-Phänomene wie das Sixties-Revival in der bis dahin nicht bekannten Intensität zu beobachten, dennoch lassen sich die relevanten musikalischen Tendenzen des von Reynolds ins Visier genommenen Zeitraums nicht auf Stichworte wie Avantgarde, Futurismus, Zukunftsorientierung reduzieren und können im Gegenzug diese Tendenzen der nachfolgenden Zeit abgesprochen werden. Dass in den letzten Jahren viele im avancierten Musikjournalismus hochgeschätzte Gruppen ganz offenkundig Anleihen bei den von Reynolds porträtierten Gruppen nehmen,[35] ist kein Grund dafür, die als »post-punk« deklarierte Phase der Popmusik zu verklären. Selbst bei einem erstklassigen Exponenten wie Reynolds bleiben darum die Fragwürdigkeiten des avantgardistischen Hip-Journalismus (auch in Buchform) bestehen.

Abschließend ist festzuhalten, dass heute sehr vielfältige Formen der Musikgeschichtsschreibung nebeneinander existieren, die sich jeweils auch an sehr unterschiedliche Publikumsfraktionen wenden. Richten sich Biographien

33 Simon Reynolds, Rip It Up and Start Again, xv.
34 Ebd., S. 515.
35 Ebd., S. 526.

und lexikographische Darstellungen durchgängig eher an ein recht breites Publikum, da sie Anknüpfungspunkte für eine Leserschaft von sehr unterschiedlichem intellektuellem Niveau und unterschiedlich intensivem musikalischen Interesse bieten, zielt die stilspezifisch angelegte Geschichtsschreibung auf ein stärker eingegrenztes Publikum. Vom Anspruchsniveau her ist auch hier eine recht große Schwankungsbreite zu konstatieren. Ein spezifisch intellektuelles, genauer gesagt pop-intellektuelles Publikum ist hingegen der Adressat der zuletzt vorgestellte Variante der Geschichtsschreibung über Popmusik, wie sie bei Marcus, Savage und Reynolds zu finden ist. Allesamt selbst bekannte Vertreter des avancierten Musikjournalismus bedienen sie ein Publikum, das bereits mit Schreib- und Denkweisen vertraut ist, wie sie in Publikationsorganen des avancierten Musikjournalismus, dem sich das folgende Kapitel widmet, gepflegt werden.

Pop-Theorie und Pop-Kritik

Die Rede von Pop oder der häufige Gebrauch von Komposita mit Pop hatte etwa seit Mitte der neunziger Jahre Hochkonjunktur, die allerdings schon seit der Jahrtausendwende einem breiten feuilletonistischen Überdruss gewichen ist. Im Mittelpunkt dieser Hausse des Pop-Begriffs standen Pop-Literatur und Pop-Journalismus, weniger das wie auch immer diffus theoretisch inspirierte Schreiben über populäre Kultur, vor allem natürlich populäre Musik. Letzterer Diskurs ist hierzulande in Ermangelung einer den anglo-amerikanischen Cultural Studies vergleichbaren Tradition vor allem im avancierten Musikjournalismus,[1] in der Kunstkritik und in den Feuilletons linker, aber auch liberaler Publikationsorgane beheimatet. Gerade in jenen Jahren, in denen die damaligen Protagonisten des avancierten Musikjournalismus zur Vorsicht aufriefen, beliebigen Pop-Phänomenen umstandslos subversive Qualitäten zuzuschreiben,[2] begann der bis vor kurzem ungebremste Siegeszug der allgegenwärtigen Rede von Pop. Das Reklamieren von »Pop« gerinnt dabei zur Zauberformel, um all das zu fixieren, was ästhetische Faszination auslöst, jedoch offenkundig nicht mit den herkömmlichen ästhetischen Kategorien der legitimen Kultur zu erfassen ist. Während der Hochzeit der Inanspruchnahme des Pop-Begriffs galten wie auch immer verstandene Pop-Qualitäten als symbolischer Mehrwert einer Person, eines Produkts etc. Spätestens seit dem 11. September 2001, nach dem angeblich nichts mehr so wie früher sei, wird Unmut über die »Spaßkultur« laut und Ernsthaftigkeit angemahnt. Seit einiger Zeit sind Abgesänge auf »Pop-Literatur« und »Pop-Journalismus«, auf die »Pop-Linke« zu lesen.[3]

Erstaunlich ist das fehlende historische Bewusstsein, mit dem über die erwähnten Pop-Phänomene gesprochen wird. Die Anfänge des gegenwärtigen

1 Darunter soll im Folgenden wie auch in meiner Buchpublikation Vf., Cultural Studies und Pop, jener Musikjournalismus über Rock- und Popmusik verstanden werden, der sich an Schreibweisen des gehobenen Feuilletons anlehnt, mit intellektuellem, gelegentlich auch zeitdiagnostischem Anspruch auftritt, dabei jedoch nicht vor idiosynkratischen Subjektivismen zurückscheut.

2 Vgl. den in der Folgezeit vielzitierten, allerdings hinsichtlich seiner zeitdiagnostischen und analytischen Kraft maßlos überschätzten Band »Mainstream der Minderheiten« aus dem Jahre 1995, der von den »Spex«-Autoren Tom Holert und Mark Terkessidis herausgegeben wurde, auf den noch weiter unten einzugehen sein wird.

3 Die folgenden Ausführungen sind meinem Aufsatz »Pop-Theorie und Pop-Kritik«, Text+Kritik, Sonderband X/2003, S. 297–310, entnommen.

Pop-Journalismus, dessen Exponenten in den mittlerweile eingestellten Berliner Seiten der »FAZ« und im ebenfalls nicht mehr erscheinenden Magazin der »Süddeutschen Zeitung« »jetzt« angesiedelt werden, erkennt zum Beispiel der »Spiegel« kurzschlüssig in den Zeitgeistmagazinen »Tempo« und »Wiener«, die Mitte der achtziger Jahre entstehen und gut zehn Jahre später ihr Erscheinen einstellen. Keine Rede vom exzessiven Bezug auf den Pop-Begriff in Musikzeitschriften wie »Sounds«[4] und »Spex«, ganz zu schweigen von den Anfängen des Zeitgeist-Journalismus in einem Magazin wie »Elaste«. Ohne hier in extenso die historischen Anfänge des Pop-Begriffs und der Vorläufer dessen, was heute als Pop-Theorie und Pop-Journalismus bezeichnet wird, rekonstruieren zu können, sollen dennoch im Folgenden einige Schlaglichter auf die mittleren und späten sechziger Jahre geworfen werden, in denen sich die beiden noch heute wirksamen, eng miteinander verknüpften Strategien der intellektuell ambitionierten Rede über Pop-Phänomene herausgebildet haben: (1) Legitimierung einer anspruchsvollen Behandlung der populären Kultur durch Betonung ihres bislang verkannten künstlerischen Stellenwerts und/oder ihrer sozialen Relevanz als Massenphänomen; (2) Politisierung ausgewählter Pop-Phänomene, die dem intellektuellen Protest gegen gesellschaftliche und politische Verhältnisse sinnliche Kraft verleihen sollen.

Im Anschluss an die historische Vergegenwärtigung der Anfänge des poptheoretisch inspirierten Schreibens über Rock- und Popmusik soll die »heroische« Phase der Bezugnahme auf den Pop-Begriff beleuchtet werden, die um 1980 in Zeitschriften wie »Sounds« und »Spex« anhebt, 1982 ihren Höhepunkt erlebt und sich im Laufe der achtziger Jahre in »Spex« fortsetzt. In den frühen neunziger Jahren verflüchtigt sie sich dann allmählich unter der Last widriger Entwicklungen im Feld der populären Musik und ihrer Vermarktung (Rechtsrock, angebliche Auflösung des einstigen Gegensatzes zwischen Mainstream und Subkultur) und einer massiven, freilich im Rahmen mu-

---

4   Immerhin erinnert man sich in der Süddeutschen Zeitung im Januar 2003 an das Ende der Zeitschrift »Sounds« vor 20 Jahren mit dem Heft der Ausgabe 1/1983. Vor allem unter Rekurs auf die Schreibweise des »Sounds«-Redakteurs Kid P. heißt es in dem Artikel: »Dieser bedingungslos subjektive Journalismus blieb nicht ohne Folgen. Das ebenfalls längst verbliche Zeitgeist-Magazin Tempo hätte es ohne Sounds so wohl nicht gegeben. Popliteraten wie Christian Kracht und Benjamin von Stuckrad-Barre haben dem Blatt ebenso viel zu verdanken wie dem Popjournalismus von Jetzt, der eingestellten Jugendbeilage der Süddeutschen Zeitung.« (Kai-Hinrich Renner, Größer als das Leben, in: Süddeutsche Zeitung, 31. Januar, 2003) Eine solch vage Genealogie ist wenig hilfreich, geradezu ärgerlich ist jedoch der Verzicht des Autors, zumindest halbwegs die Stimmungslage zu skizzieren, gegen die sich Autoren wie Diederichsen und Kid P. mit ihrer journalistischen Arbeit wandten.

sikjournalistischen Schreibens höchst selektiven, ja eklektizistischen Bezugnahme auf Elemente poststrukturalistischer Theorien. Abschließend wird der Versuch unternommen, eine Typologie der Schreibweisen im pop-theoretisch und pop-journalistisch ambitionierten Musikjournalismus zu umreißen.

Die Anfänge von Pop-Theorie und Pop-Journalismus in den sechziger Jahren

Beim Blick in sehr unterschiedliche Zeitungen und Zeitschriften stößt man heute unweigerlich auf Texte, die sich mit Phänomenen der populären Kultur, vor allem der populären Musik kritisch beschäftigen. Schallplatten, CDs und mittlerweile immer mehr auch DVDs werden zur Anschaffung empfohlen, oder es wird – in signifikant weniger Fällen – vom käuflichen Erwerb abgeraten. Dass eine solche Beschäftigung mit populärer Musik nicht selbstverständlich ist, zeigt sich beim Rückblick auf die Anfänge der neueren Popmusik in den mittleren fünfziger Jahren. Die schon damals existierenden Musikzeitschriften, die sich populärer Musik annahmen, konzentrierten sich auf Jazz, der aufkommende Rock'n'Roll hingegen wurde als banale Unterhaltung für ein jugendliches Publikum wahrgenommen und keiner eingehenden Betrachtung für würdig befunden.[5] Der dennoch überwältigende Erfolg dieser Musik zeigte, dass die Vermarktung von Popmusik nur sehr bedingt von ihrer Berücksichtigung durch Musik- und andere Journalisten in verschiedenen Publikationsorganen abhängt. Wichtig war damals vor allem die Präsenz der Musik im Medium Radio, dessen zentrale Bedeutung für den ökonomischen Erfolg bestimmter Acts auch in der Zeit von Musikfernsehen und Internet kaum zu überschätzen ist. Popmusik scheint offenkundig sein Publikum auch ohne jene kritische Begutachtung zu finden, wie sie in der legitimen Kultur üblich ist – man denke an die Theater-, Musik- und Literaturkritik in den Feuilletons der bürgerlichen Tages- und Wochenzeitungen.

5 Gestur Gudmundsson et al., Brit Crit, skizzieren die journalistische Behandlung von Rock- und Popmusik bis Mitte der sechziger Jahre so: »[…] writing on rock music still amounted to little more than news and gossip. The music press was serving the record industry, going for what sold or might sell to teenagers, and there was nothing very remarkable about that. But as growing audiences of middle-class kids and a heavy input of art ideology began to invest sixties rock with ambitions surpassed so far only by jazz, the phenomenon demanded more serious attention, which was provided by a number of young, predominately male, white U.S. critics and specialist magazines.« (S. 41)

Nur in objektivierender Perspektive beschäftigten sich Intellektuelle in den
späten fünfziger Jahren mit Popmusik: sie versuchten unter Rückgriff auf so-
zial- und massenpsychologische Theorieelemente die Ursachen der mitunter
gewalttätigen Begeisterung für diese Musik zu ergründen. Dass es dabei nicht
blieb, dürfte im Wesentlichen auf die folgenden Entwicklungen zurückzu-
führen sein: (1) die Erfahrung, dass Popmusik Jazz- und Blues-Elemente enthält, verwandelte allmählich einstige Jazz- in Rock- und Popkritiker;[6] (2) aus
dem Folk-Boom in den USA der frühen sechziger Jahre gingen Stilvarianten
wie Folk-Rock hervor, die eine klare Abgrenzung zwischen der als authentisch
gefeierten Folkmusik und der als kommerzielles Massenvergnügen verachteten Popmusik erschwerten und damit bestimmten Spielarten der Popmusik
eine Aufmerksamkeit bescherte, die bis dahin nur der Jazz- und Folkmusik als
künstlerisch und ideologisch legitimen Ausprägungen populärer Musik zuteil
geworden waren.[7] (3) Rock- und Popmusik wird zu einem zentralen Aus-
drucksmedium der Hippie-Subkultur; in den einschlägigen Underground-
Publikationen der Szene etabliert sich die mehr oder weniger politisierte Rede
über diese Musik als fester Bestandteil jener Magazine.[8] (4) Die musikalischen
und produktionstechnischen Veränderungen in der Rock- und Popmusik ab
Mitte der sechziger Jahre, die für eine vielfältige stilistische Erweiterung der
Musik sorgen, begünstigen eine Wahrnehmung der Gruppen und Musiker als
Künstler, deren Produkte (Alben und Konzerte) als Kunstwerke wahrzuneh-
men sind.[9] (5) Nicht unwesentlichen Anteil daran, dass Rock- und Popmusik

---

6 Vgl. die Darstellung der Entwicklung führender Musikjournalisten in den sechziger Jahren
    in Steve Jones, Kevin Featherly, Re-Viewing Rock Writing: Narratives of Popular Music Cri-
    ticism, in: Pop Music and the Press, herausgegeben von Steve Jones, Philadelphia 2002, S.
    19–40. Dort heißt es über den Kritiker Ralph Gleason: »He had seen jazz give voice to the
    frustrations of urban blacks, and he was now aware of rock music giving voice to the frustra-
    tions of a much larger audience, American youth.« (S. 29)

7 In Rolf-Ulrich Kaiser, Das Songbuch, Ahrensburg und Paris 1967, rekapituliert der Autor
    die Entwicklung der Folksong-Szene und ihre Verbindung zum Civil Rights Movement. Für
    Kaiser markiert das Newport Folk Festival 1967 den »Abschied von der Folksong-Szene« und
    den »neuen Abschnitt einer Song-Szene«, »die ein viel größeres Publikum erreicht, sich aber
    deswegen keineswegs in jedem Fall von der Musik-Industrie korrumpieren lässt.« (S. 20)

8 Vgl. Abe Peck, Uncovering the Sixties, New York 1985. Zur Hippie-Bewegung vgl. Stuart
    Hall, The Hippies: An American ›Moment‹, in: Student Power, herausgegeben von Julian
    Nagel, London 1969, S. 170–202. Siehe auch Hans-Peter Rodenberg, Subversive Phantasie.
    Untersuchungen zur Lyrik der amerikanischen Gegenkultur 1960–1975: Allen Ginsberg,
    Gary Snyder, Bob Dylan, Leonhard Cohen, Jim Morrison, Giessen 1983.

9 Steves Jones und Kevin Featherly schreiben über Robert Christgau, der sich selbst halb ernst,
    halb ironisch als »dean of American rock critics« bezeichnet (siehe http://archive.salon.com/

in jener Zeit erstmals Kunststatus erlangt, hat die Pop Art der frühen sechziger Jahre. Sie betreibt erfolgreich die Legitimierung des Populären als Kunst und wird begeistert von jenen Kunsthochschulstudenten aufgenommen, die später berühmte Musiker werden.[10]

Was die journalistische Beschäftigung mit Rock- und Popmusik anbelangt, so lässt sich die Gründung der Zeitschrift »Rolling Stone« im Jahre 1967 in San Francisco als Höhepunkt einer Entwicklung beschreiben, die sich in den sechziger Jahren abzeichnete.[11] Der Zeitschrift gelang es, die namhaftesten Journalisten und Autoren, die sich mit ihren Texten über Rock- und Popmusik in verschiedenen Zeitungen und Zeitschriften bereits einen Namen gemacht hatten, für sich zu gewinnen. Der »Rolling Stone« galt schnell als das Maß aller Dinge im Feld des Schreibens über Rock- und Popmusik. Erst mit der Erschütterung der »rock sensibility« durch Punk und New Wave, die vor allem von britischen Musikjournalisten geleistet wurde und mit gewisser zeitlicher Verzögerung auch im bundesdeutschen Musikjournalismus seine Wirkungen entfaltete, verlor der »Rolling Stone« seine unangefochtene Führungsposition im Feld des avancierten Musikjournalismus, die er dann auch in der Folgezeit nicht wieder zurückerobern konnte.

Geschmackssoziologisch pointiert ist die Entstehung des avancierten Musikjournalismus in den sechziger Jahren Folge und Ausdruck des plötzlich wachsenden Interesses der sozio-ökonomisch und kulturell privilegierten Jugend an einer Rock- und Popmusik, die sich vom herrschenden Geschmack der proletarischen und (klein-)bürgerlichen Schichten und Klassen durch das Reklamieren von Authentizität (Bezug auf die Folk-Tradition), Anspruch (Bezug auf die Jazz-Tradition in Abgrenzung von Unterhaltungsmusik) und eines sub- und gegenkulturellen Flairs deutlich abzuheben bemühte. Der in den fünfziger Jahren weit verbreitete kulturkritische Vorbehalt gegen das Populäre wurde also nicht grundsätzlich zurückgewiesen und nicht als ideologische Überhöhung einer klassengesellschaftlichen Differenzierung im kulturellen

---

ent/music/int/2001/05/09/xgau/index5.html): »When he heard the Beatles, he says, he began to view music through the ›secular theology of new-critical literary analysis‹ he was studying [...]«. (Re-viewing Rock Writing, S. 28, Zitat im Zitat: Robert Christgau, Any Old Way You Choose It, Baltimore 1973, S. 3)

10 Zum Verhältnis zwischen Pop Art und Pop- und Rockmusik vgl. die folgenden Titel: Simon Frith, Howard Horne, Art into Pop, London und New York 1987; John A. Walker, Crossovers: Art Into Pop/Pop Into Art, London und New York 1987.

11 Zur Geschichte des »Rolling Stone« vgl. Robert Draper, Rolling Stone Magazine: The Uncensored History, New York 1990.

Feld kritisiert, sondern Rock- und Popmusik als ideales Medium erkannt und
angeeignet, um sich sowohl gegen die schlichten Vorlieben der unteren Klassen und Schichten als auch gegen die als spießig verachteten bildungsbürger-
lich geadelten Vorlieben der mittleren und höheren Klassen und Schichten
abzugrenzen.

Wie bereits oben angedeutet, sind es im Wesentlichen zwei Strategien,
die das an höheren Schulen und an Hochschulen sozialisierte Publikum ge-
brauchte, um die genannten Ziele zu erreichen. (1) Rock- und Popmusik
bedurfte einer Aufwertung, die das einzelne Stück oder Album in den Rang
eines Kunstwerks zu heben gestattete und entsprechend die daran maßgeblich Beteiligten als Künstler zu betrachten erlaubte. Dafür boten sich Musiker
wie Bob Dylan und Leonhard Cohen an, deren Texte sich als große Lyrik fei-
ern ließen. Auch die Möglichkeiten moderner Studiotechnik, wie das immer
wieder zitierte Musterbeispiel »Sergeant Pepper's Lonely Hearts Club Band«
von den Beatles belegt, ließen sich nutzen, um Klanggebilde zu produzieren,
die legitimerweise Kunstanspruch anmeldeten. (2) Die Bedeutsamkeit von
Rock- und Popmusik, die eine ausgiebige kritische Betrachtung von Text und
Musik verlangt, wurde jedoch nicht nur ästhetisch-formal begründet, sondern auch unter Rekurs auf ihren vorgeblichen politischen Gehalt. Anders als
die übrige Gesellschaft mochte sich das avancierte Rock- und Pop-Publikum
nicht länger von gedankenloser Unterhaltung zerstreuen oder von staatstra-
genden ideologischen Botschaften manipulieren lassen, es machte sich stattdessen daran, die offenen, aber auch versteckten Impulse in der Musik zu
entdecken, die sich gegen die herrschenden politischen und gesellschaftlichen
Verhältnisse wenden ließen und damit dem Kampf gegen diese Verhältnisse
wichtige symbolische Unterstützung gewähren konnten.

Abgrenzung und »empowerment« im Medium des Schreibens über Rock-
und Popmusik kann jedoch nur gelingen, wenn die Autoren der entsprechenden Zeitschriften und Magazine mit ihren Texten Resonanz beim anvisierten
Lesepublikum erzeugen können. Ähnlich wie Rolf Dieter Brinkmann, der
im Widerspruch zur »Unsinnlichkeit des Denkens abendländischer Intellektueller« nicht einsehen wollte, »warum nicht ein Gedanke die Attraktivität
von Titten einer 19jährigen haben sollte, an die man gern faßt«,[12] galt es
für den avancierten Musikjournalismus Schreibweisen zu entwickeln, die
das mit der Rock- und Popmusik verknüpfte Lebensgefühl sinnlich spürbar

---

12 Rolf Dieter Brinkmann, Der Film in Worten, in: Acid. Neue amerikanische Szene [1969],
herausgegeben von dems. und Ralf-Rainer Rygulla, Reinbek 1983, S. 381–399, hier S. 384.

werden lassen. Der übliche Reportage- und Feuilleton-Stil, der ansonsten die Darstellung und kritische Bewertung von Kunst, Musik und Literatur bestimmte, musste demnach durch ein Schreiben ersetzt werden, das nicht Bildung ausstellte und sich in feinsinnigen Assoziationen ergeht oder Fakten und Beobachtungen über Musikerinnen, Konzerte und subkulturelle Milieus auf konventionelle journalistische Weise zusammenträgt. Anknüpfungsmöglichkeiten für ein anderes Schreiben über die Welt der Rock- und Popmusik ergaben sich dabei zum einen durch die Beat-Literatur, vor allem jedoch durch den New Journalism,[13] der sich in den USA im Laufe der sechziger Jahre herausbildet. Beide Einflüsse[14] sorgten im avancierten Musikjournalismus für eine Auflösung der eingespielten Unterscheidung zwischen literarischen und nicht-literarischen Texten, öffneten Räume für ein Schreiben, das große Detailgenauigkeit mit subjektiven Assoziationen verknüpfte, in dem wenige sachliche Anhaltspunkte kein Hindernis darstellen, um weitreichende Schlussfolgerungen zu ziehen, scheinbar völlig Disparates in einen Kontext zu bringen. Die tatsächliche Vielfalt der Quellen, die den avancierten Musikjournalismus während seiner Anfänge Mitte bis Ende der sechziger Jahre formal und inhaltlich speisten, kann hier nur grob mit Gudmundsson, Lindberg und anderen umrissen werden: »[T]he genesis of rock criticism draws on British as well as U.S. sources, on film criticism as well as jazz criticism, on folk art as well as high art, and on the Frankfurt school as well as the journalism of Tom Wolfe and Hunter S. Thompson.«[15]

13 Der US-amerikanische Kritiker Tom Smucker, Jahrgang 1946, erklärt in einem E-Mail-Interview vom September 2000, dass Tom Wolfes »The Kandy-Kolored Tangerine-Flake Streamline Baby« und Susan Sontags »Against Interpretation« sein Leben verändert hätten: »Wolfe's book, although not rock criticism, legitimized writing about the real pop world out there for me.« (http://www.rockcritics.com/Smucker3.html)

14 Steve Jones, Kevin Featherly, Re-viewing Rock Writing, S. 38, weisen allerdings zurecht darauf hin, dass man von einem wechselseitigen Verhältnis zwischen avanciertem Musikjournalismus und New Journalism ausgehen sollte: »As a literary form, popular-music criticism grew up side by side, often page to page, with the New Journalism.«

15 Gestur Gudmundsson et al., Brit Crit, S. 43.

Avancierter Musikjournalismus in Deutschland –
von »Rock Power« zu »Sexbeat«

Es überrascht nicht, dass sich die US-amerikanische und britische Dominanz im Feld der Rock- und Popmusik auch in ihrer journalistischen Beschäftigung fortsetzt. Vor allem in den späten sechziger und frühen siebziger Jahren gibt es in der Bundesrepublik kein Pendant zu namhaften Kritikern wie Richard Goldstein, Robert Christgau, Greil Marcus, Richard Meltzer und Lester Bangs, die ihre Qualitäten als Autoren in längeren »think pieces« unter Beweis stellen – im journalistischen Fachjargon werden so längere Artikel bezeichnet, die sich nicht in der Berichterstattung über eine Gruppe oder einen Künstler aus aktuellem Anlass erschöpfen, sondern in essayistischem Stil einen Blick auf größere Zusammenhänge werfen. In ihren Anfängen am Ende der sechziger Jahre ist eine Zeitschrift wie »Sounds« noch fast ausschließlich der Jazz-Kritik verpflichtet, und auch das zunächst der Folk-Musik gewidmete Magazin »Song« öffnet sich erst allmählich der anglo-amerikanischen und der hiesigen Rock- und Popmusik. Gleiches gilt für anspruchsvolle Tages- und Wochenzeitungen und für Magazine wie »Twen« und »Konkret«. Dennoch bleibt das hartnäckige Bemühen einzelner Autoren festzuhalten, dem deutschen Publikum die innovativen Strömungen der britischen, aber vor allem amerikanischen Rock- und Pop-Szene in ausführlichen Texten nahe zu bringen. Angefangen mit seinem bereits 1967 erschienenen »Songbuch«, dem dann weitere Buchpublikationen folgen, versucht sich Rolf-Ulrich Kaiser mit sprachlich und intellektuell bescheidenen Mitteln als Propagandist des »Underground«, der »Musik der Revolution«.[16] Mit hohem Anspruch tritt hingegen Helmut Salzinger in seinen Buchpublikationen auf.[17] Vertraut mit dem avancierten Diskurs über Rock- und Popmusik, wie er etwa seit Mitte der sechziger Jahre im anglo-amerikanischen Sprachraum von Kritikern und Musikern geführt wird, unter dem Eindruck von Hippie- und »68er«-Bewegung und theoretisch gestützt auf Autoren wie Walter Benjamin und Vertreter der Frankfurter Schule fragt Salzinger in seinem Buch »Rock Power« aus dem Jahre 1972, das im Wesentlichen Zitate von Musikern, Kritikern und

---

16 So der Titel eines Textes des Autors in: Twen 11/1969, S. 48–52.

17 Helmut Salzinger, Rock Power oder Wie musikalisch ist die Revolution?, Reinbek bei Hamburg 1972. Das Verzeichnis der von ihm in diesem Buch zitierten Texte beschließt er damit, drei Titel von R.-U. Kaiser anzuführen. Überschrieben ist die Nennung jedoch so: »Unwichtige Bücher, die eben darum nicht verwendet wurden […]«. (S. 252)

Intellektuellen virtuos montiert, nach der Rolle, die Rock- und Popmusik in einem möglichen Prozess der Befreiung spielen könnte: »Wie musikalisch ist die Revolution?« – so der treffende Untertitel des erwähnten Buchs. Im genannten Buch wird deutlich, wie intensiv um »1968« die Frage nach dem politischen Stellenwert von Rock-und Popmusik diskutiert wird. So wendet sich der Stones-Fan Franz Schöler, heute noch ständiger Mitarbeiter der deutschen Ausgabe der Zeitschrift »Rolling Stone«, gegen die vielzitierte These des Jugendforschers Baacke: »Dennoch ist Rockmusik nicht, wie manchmal behauptet wird, eine ›sprachlose Opposition‹«. Vielmehr sei Rock »immer noch Ausdruck des radikalen Ungenügens, der Aggression gegen eine Gesellschaft, die auch dem jüngsten Lehrling ihre Normen einbleuen möchte.« Als Zeugen ruft Schöler dann – wie nicht anders zu erwarten – den maßgeblichen Gitarristen der Stones und seinen späteren Bandkollegen auf, der damals noch für The Small Faces, später dann einfach nur The Faces, spielte: »Ein Gitarrensolo von Keith Richard oder Ron Wood vermag ein Maß an Trauer und Aggression, Dynamik und Melancholie im Hörer freizusetzen, das mehr bewirken kann als jeder noch so aktivistische Text. Rockmusik kann gesellschaftliche Zwänge nicht aufheben, aber sie zumindest bewußt machen. Sie kann ein Klima schaffen, in dem Befreiung eher möglich wird.«[18]

Auch wenn es in der Bundesrepublik keine mit der Situation in den USA vergleichbare Nähe von Gegenkultur und politischer Bewegung gibt, so zeigen doch Salzingers eigene Beiträge[19] und die von ihm zitierten Einlassungen von Uwe Nettelbeck aus einem Artikel in der »Zeit« vom September 1967,[20] dass sich auch hierzulande fruchtbare Ansätze zu einer zugleich ästhetisch sensibilisierten und politisch radikalen Diskussion »ihrer [der Rock-Musik, R. H.] Produktionsbedingungen« seit Ende der sechziger Jahre entwickelten. Doch im Verlauf der siebziger Jahre geht dann – darüber belehrt ein Blick in die entsprechenden Jahrgänge der Zeitschrift »Sounds« – dieses Diskussionsniveau wieder verloren und das Schreiben über Rock- und Popmusik

18 Franz Schöler, Out, demons out!, in: Twen 12/1970, S. 78–79, zit. n. Helmut Salzinger, Rock Power oder Wie musikalisch ist die Revolution?, S. 115–117, hier S. 115 und S. 117.

19 Helmut Salzinger, Rock Power oder Wie musikalisch ist die Revolution?, S. 225, vor allem jedoch S. 39–45.

20 Uwe Nettelbeck, Die Kinder von Sergeant Pepper und Mary Jane. Hippie-Souvenirs und Hippie-Aktionen, in: Die Zeit 38 (1967), S. 52, zit. n. Helmut Salzinger, Rock Power oder Wie musikalisch ist die Revolution?, S. 45, Absatz 2.

zerfällt in feuilletonistische Schreibweisen[21] und einer Schwundstufe des von Hunter S. Thompson geprägten »Gonzo-Journalism«.[22] Erst das Aufkommen von Punk und New Wave gibt – ähnlich wie in England,[23] hierzulande allerdings mit deutlicher Verzögerung – dem avancierten Musikjournalismus neue Impulse. Diedrich Diederichsen, der retrospektiv seine Prägung durch Autoren wie Tom Wolfe[24] und Helmut Salzinger[25] schildert, nutzt die ihm sich bietende Chance als »Sounds«-Redakteur im Jahre 1979, um in der Rede über Rock- und Popmusik einen bis dato hierzulande nicht gehörten Ton anzuschlagen. Plattenkritiken verwandeln sich in Manifeste, in denen der Stellenwert einer Musik, einer Gruppe oder eines Musikers unter Rekurs auf das gesamte öffentliche Auftreten eines Acts im Mit- und Gegeneinander unterschiedlicher stilistischer Strömungen als quasi-politisches Statement behandelt und entsprechend mit der Bemühung um größtmögliche Verbindlichkeit entschieden wird. Die vorbehaltlose Identifikation mit einer hedonistischen, auf schöne Oberflächlichkeit und das Hantieren mit Zitaten angelegten Popmusik bei einem gleichzeitigen Festhalten an einer marxistischen Kritik der kapitalistischen Gesellschaft markierte eine ideologische Position, die zur radikalen Abgrenzung gegenüber den damals herrschenden Strömungen im liberalen und linken Milieu, Sozialdemokratie, Ökologie-Bewegung und Alternativkultur, taugte. Und bei aller salonbolschewistischen Koketterie, die gelegentlich in Diederichsens »Sounds«-Texten und in seinem Buch »Sexbeat« aufblitzt, ging es natürlich nicht um eine ernsthafte Anknüpfung

---

21 Vgl. die ausführliche Behandlung von »Sounds« in: Vf., Cultural Studies und Pop, S. 156–218, hier vor allem S. 172–186.

22 Vgl. Christine Othitis' Essay »›The Beginnings and Concept of Gonzo Journalism« (http://www.gonzo.org/articles/ lit/esstwo.html).

23 Gudmundsson et al., Brit Crit, geben dem entsprechenden Abschnitt in ihrem Aufsatz den Titel »From Punk to New Pop, The Second Turning Point« (S. 53–56). – Ähnlich könnte man für die bundesdeutsche Situation von einem zweiten Wendepunkt (nach den oben skizzierten Bemühungen um »1968«) im hiesigen kritischen Diskurs über Rock- und Popmusik sprechen durch Autoren wie Diedrich Diederichsen und Andreas Banaski alias Kid P.

24 Diedrich Diederichsen, 1.500 Platten. 1979–1989, Köln 1989. Dort heißt es im Rückblick auf seine zweite Plattenkritik, die sich David Bowies LP »Lodger« vornimmt: »Der Rest der Kritik ist der Versuch, so viele Tom-Wolfe-Wörter wie möglich zu gebrauchen: clever, unschlagbar.« (S. 86)

25 Diedrich Diederichsen, Ein Paar Figuren auf dem Wege durch eine bestimmte Zeit, in: Die Beute 1 (1994), S. 85–88, hier S. 87 f. Dort stellt er Salzingers Schreiben über Rock- und Popmusik mit den Arbeiten von Autoren wie Simon Frith und Greil Marcus auf eine Stufe und beschreibt ihr Tun tastend so: »[…] nenn es Pop-Essayistik, nenn es Cultural Studies.« (S. 88)

an den orthodoxen Marxismus, wie ihn hierzulande die zu diesem Zeitpunkt sich allmählich auflösenden maoistischen Gruppierungen und die in Liedermacherkreisen beliebte DKP vertraten.

Für Diederichsen wie für andere junge Autoren in der Folgezeit, die dann meist unter seinem Einfluss in den achtziger und neunziger Jahren journalistisch tätig werden, gilt: Immer dann, wenn Gruppen und Musiker für sehr viel mehr stehen als nur für die von ihnen veröffentlichte Musik, wächst die Wahrscheinlichkeit, über mehr oder weniger gravierende musikalische Schwächen der jeweils behandelten Musik leichtfertig hinwegzugehen. Generell tendieren die Autoren in solchen Fällen auch zu einer Überschätzung des gesellschaftlichen und politischen Stellenwerts der Musik und ihrer pop- und subkulturellen Aneignung durch ein zumeist jugendliches Publikum. Es wird mitunter der Eindruck erweckt, politisch codierte Vorstöße im Feld des Pop-Diskurses könnten eine elaborierte politische und ökonomische Argumentation überflüssig machen, die sich der grundlegenden gesellschaftlichen Verhältnisse sowie der Haupt- und Staatsaktionen annimmt.

Dennoch ergeben sich in dem Bemühen, das Schreiben über Popmusik mit politischen Elementen und theoretischen Referenzen aufzuladen, immer wieder Momente, in denen ausgezeichnete Musik und jene Rede zusammenfallen, die in ihr bemerkenswerte, im sonstigen öffentlichen Diskurs nicht präsente, abweichende Haltungen und Lebensentwürfe verkörpert sieht und ihnen Nachdruck zu verleihen sucht. Versteht man die Aufgabe des avancierten Musikjournalismus hingegen darin, als »consumer guide« zu wirken, dann kommt es vor allem darauf an, dass die Rede über die jeweiligen Konzerte und Platten nüchtern und kompetent den Gebrauchswert der jeweiligen Musik einzuschätzen weiß und damit dem Lesepublikum die Selektion beim Konsum erleichtert oder gar abnimmt. Doch damit möchten sich die gleichermaßen intellektuell ambitionierten und politisch engagierten Autoren naturgemäß nicht zufrieden geben. Dass das Schreiben über Popmusik junge Intellektuelle bis heute fasziniert, hängt sicherlich nicht unwesentlich mit der Attraktivität jener Idee zusammen, die zunächst in den sechziger und dann noch einmal in den achtziger Jahren exzessiv ausprobiert wurde: Musik und Leben auf ganzer Breite zu verknüpfen.[26] Um 1982 geizten die »Sounds«-

26 Diedrich Diederichsen (Hg.), Staccato. Musik und Leben, Heidelberg 1982. Dort übergießt Kid P. in seinem Text »Die Neue Deutsche Welle« auf zugleich aberwitzige und durchaus ernst gemeinte Weise die Protagonisten der Musik- und Journalisten-Szene mit Hohn und Spott. Diederichsen wird z. B. »sein langweiliges, studentisches Auftreten« und »sein hintergründiges, akademisches Geschreibsel in SOUNDS« vorgehalten. Dem avancierten

Autoren nicht mit pathetischen Aufschwüngen in ihren direkt ans Lesepublikum adressierten Plattenkritiken: Kaufe diese Platte! Höre die Musik! Ändere
Dein Leben! Diesem Versuch einer Verbreitung eines neuen Lebensgefühls
korrespondiert das Moment der Abgrenzung, der Aufkündigung des Konsenses im Hinblick auf gängige Meinungen, Sichtweisen und Gewohnheiten. Man scheut sich nicht, dem Lesepublikum weitreichende ästhetische
und politische Entscheidungen abzufordern. Es werden im wilden Mit- und
Gegeneinander der Ideologien und musikalischen Stilrichtungen nihilistisch-
anarchistische (Sex Pistols), analytisch-marxistische (Gang Of Four), feministische (Au Pairs) und radikal hedonistische (ABC) Sichtweisen propagiert.
Ob und wie diese Perspektiven zu verknüpfen sind, blieb offen, doch die
Idee, dass Freude an unterschiedlichsten Stilrichtungen der Popmusik und
eine nonkonformistische politische Haltung zu vereinbaren sind, prägt bei
aller im Unterschied zu den achtziger Jahren mittlerweile feststellbaren Ernüchterung bis heute den avancierten Musikjournalismus.

Diederichsen gefällt sich in seinen Texten in »Sounds« und später auch
in »Spex« immer wieder in der Pose des Pop-Intellektuellen, der mit großer
Geste die Agenda im Geschmacks- und Meinungsstreit über die ästhetisch-
politischen Gehalte der Musik zu bestimmen versucht, dabei allerdings sich
gelegentlich darum bemüht zeigt, dem angestrebten autoritativen Reden über
den Gegenstand durch selbstironische, idiosynkratische und subjektivistische
Einsprengsel den unangenehmen Zug ins Eifernde, in pop-ideologische Pro-
selytenmacherei zu nehmen. Einen ganz anderen Schreibduktus lassen die
längeren Artikel und Plattenkritiken von Kid P. erkennen.[27] Während er in

---

Musikjournalismus stellt er dann ein wenig rühmliches Zeugnis aus: »Nun, wenigstens ist
SOUNDS ab und zu ganz witzig (für Insider), und es gibt eh keine Konkurrenz, schon gar
nicht dieses ekelhafte Blatt SPEX. Aber der absolute Star der Musikpresse ist natürlich die
BRAVO!!« Kid P., Die Neue Deutsche Welle, in: Diedrich Diederichsen (Hg.), Staccato. Mu-
sik und Leben, Heidelberg 1982, S. 9–55, hier S. 41 f. Diederichsen hatte also im Vorwort
nicht zu viel versprochen: »Ein Konzept hat dieses Buch nie gehabt. Was drinsteht, lag auf der
Straße oder ›mußte einfach mal gesagt werden‹. Was sich mit der Zeit entwickelte, waren eine
Anhäufung unterschlagener Wahrheiten und jede Menge Radikalität gegen sich und andere.«
(S. 5)

27 In einer Rezension (Peter Mühlbauer, RAF, LSD und Graninisaft: Verschwende Deine Jugend – Über deutschen Punk und New Wave, vom 14.12.2001) zu dem erstaunlich erfolgreichen Buch von Jürgen Teipel, Verschwende Deine Jugend. Ein Doku-Roman über
den deutschen Punk und New Wave, Frankfurt am Main 2001, stellt Mühlbauer ähnlich
wie der zitierte Süddeutsche-Artikel »Größer als das Leben« (Fußnote 4) die Bedeutung von
Kid P. für den gegenwärtigen Pop-Journalismus heraus, macht jedoch einen grundlegenden
Qualitätsunterschied geltend: Er habe »im Alleingang den deutschen Pop-Journalismus« be-

den längeren Artikeln in »Sounds« die freizügige Verwendung von Stilmitteln des Boulevard-Journalismus zur Darlegung scharfsinniger kultursoziologischer Beobachtungen nutzt,[28] zeichnen sich seine zumeist euphorisch gestimmten Rezensionen durch kurze, einprägsame Sätze, pathetische Adjektive und Substantive, tatsächliche oder fiktive Zitate der Musiker und immer wieder durch die imperativische Ansprache des Lesepublikums aus: »Du wirst nicht darauf verzichten können.«[29] Der Autor macht in seinen Texten Ernst mit der oft bemühten Phrase, dass Popmusik zentraler Bestandteil eines allgemeinen Lebensgefühls sei. Bestes Beispiel dafür ist die Rezension von drei LPs der Gruppen Altered Images und Madness sowie der Sängerin Gloria Jones. Die triadisch eingeteilte Kritik synchronisiert einen – nur utopisch imaginierten, wie sich erst am Ende der Kritik herausstellt – Tagesablauf mit jeweils jener Platte, die den jeweiligen Abschnitt des Tages auf angenehme Weise bestreiten lässt. Die Erzählung beginnt: »Wenn frühmorgens (sagen wir so um 10) der Wecker klingelt, sollte er gekoppelt sein mit einer automatischen Startvorrichtung für die Altered Images-LP. Damit sich dein leerer, vor sich hindösender Kopf heilsam füllt mit Clare's apartem Singsang und dem leichten Hintergrundschaumschlag ihrer Begleitcombo. Und später zum passenden Langnesefrühstück aus der ›Good day sunshine‹-TV-Reklame (bitte keine Kellogg's Corn Frosties!) pfeifst du Marmeladenbrötchen-kauend mit, wenn Altered Images im infantilen Muppet-Stil den ›Song Sung Blue‹ von Neil Diamond trällern.« Eine gute Begleitung, wenn man nachmittags die häusliche Szenerie verlasse, gebe Madness ab. Ausnahmsweise formuliert der Autor hier mal die Einsicht, von der sich seine Kritiken leiten lassen: die genannte Platte sei »ein weiterer, guter, unumstößlicher Beweis dafür, dass Musik keine Kunst/Kultur und kein Luxus ist, sondern ein weiterer, nützlicher (!) Gebrauchsgegenstand im Alltagsleben.« Den Abend könne man dann »stil- und geschmackvoll« mit Gloria Jones' »6 T's Houseparty« verbringen. Im Postskriptum »für Anhänger des sozialistischen Realismus«, das durch diese Widmung zwar einen ironischen Unterton erhält, der sich gegen dogmatische Verhärtung wendet, aber dennoch sehr wohl ernst gemeint ist, wird die bislang ausgemalte Idylle eines von stets passenden Klängen begleiteten per-

---

gründet, »dessen Apodiktik und Sarkasmus später ganze Generationen von »Tempo«- und »jetzt«-Autoren ähnlich inadäquat nachahmten, wie Eingeborene von Südseeinseln dies nach dem zweiten Weltkrieg mit amerikanischen Flugzeugen aus Schilfrohr versuchten.« (http://www.heise.de/tp/deutsch/inhalt/buch/11334/1.html)

28 Vgl. dazu Vf., Cultural Studies und Pop, S. 215 f.

29 Sounds 8/1982, S. 50.

fekten Tages jäh zerstört: »Dies war ein Tag im Leben, wie er sein sollte, wie ihn uns das herrschende, kapitalistische System aber vorenthält. Du musst dich also mit dem Kauf dieser Platten begnügen.«[30]

Mit dem Ende der Zeitschrift »Sounds« zum Jahresende 1982, die hierzulande seit den frühen siebziger Jahren den avancierten Musikjournalismus in seinen unterschiedlichen Gestalten repräsentierte, gewinnt die Ende 1980 in Köln gegründete Zeitschrift »Spex« zunehmend an Bedeutung. Dort sind es dann im Laufe der achtziger Jahre vor allem Clara Drechsler[31] und Diedrich Diederichsen[32], die in ihren Texten ein journalistisch-literarisch reizvolles und pop-theoretisch ambitioniertes Schreiben über Popmusik vorantreiben. Auf sehr unterschiedliche Weise gelingt es ihnen, das Lesepublikum zu polarisieren. Drechsler versteht sich auf eine autobiographisch-literarisierende, immer wieder mit idiosynkratischen Meinungen und Einschätzungen angefüllte Prosa, die sich durch überraschende Widersprüche, spöttische Polemik und eine rätselhafte Bildlichkeit auszeichnet, Diederichsen bleibt dem bereits dargelegten Duktus treu, neigt jedoch spätestens seit den späten achtziger Jahren dazu, die einst spielerisch eingeworfenen Referenzen auf theoretische Zusammenhänge vor allem poststrukturalistischer Provenienz[33] in akademi-

---

30 Sounds 6/1982, S. 60. Während Diederichsens zentrale Bedeutung für den bundesdeutschen Musikjournalismus immer wieder hervorgehoben wird, steht eine breite Würdigung der Arbeit von Kid P. – sieht man einmal von den in den Fußnote 4 und 27 erwähnten Artikeln ab – noch aus. Doch immerhin gibt es einen enthusiastisch gestimmten Wikipedia-Artikel über den Autor (http://de.wikipedia.org/wiki/Andreas_Banaski#Literatur_.C3.BCber_Andreas_Banaski), in dem dessen in der Zeitschrift »Sounds« veröffentlichte »Städteserie mit ernüchternden Reportagen über die Punk- und New-Wave-Szene in Hamburg, Düsseldorf und Berlin zum literarisch Größten« gezählt wird, »was Deutschland im 20. Jahrhundert hervorbrachte.« Diese korrekte Einschätzung hat Bedenkenträger auf dieser neuerdings forciert um Seriosität bemühten Website auf den Plan gerufen, was zu dem kleinlichen Vermerk führte, dass die »Neutralität dieses Artikels [...] umstritten« sei. Mit einem Artikel aus der Zeitschrift »Elaste« aus dem Jahre 1984 ist Kid P. schließlich auch in dem aktuellen Sammelband »Pop seit 1964« vertreten. Kid P., Hoch auf das Zuhausebleiben [in: Elaste, August/September 1984], in: Kerstin Gleba, Eckhard Schumacher (Hg.), Pop seit 1964, Köln 2007, S. 139–142.

31 Vgl. dazu meine ausführlichen Einlassungen in Vf., Cultural Studies und Pop, S. 236–246.

32 Siehe auch ebd., S. 259–268.

33 In »Sexbeat. 1972 bis heute«, Köln 1985, 2002 (Neuausgabe mit dem Vorwort »And then they, and then they move – 20 Jahre später«, i-xxxviv) hatte Diederichsen im Abschnitt »Was die Franzosen denken« (S. 52–54, hier S. 53) den Rekurs auf Autoren des Poststrukturalismus noch als zwiespältige Angelegenheit gesehen: zum einen als sinnvolle Abgrenzungsstrategie in einer Situation, in der »alles plan Marxistische, was je vom Inhalt her das verbindlichste Denken ist, das es gibt [...]«, an den hiesigen Universitäten »einer nachgrade vernichtenden und

sierender Weitschweifigkeit zu entfalten, Plattenkritiken in langatmige Besinnungsaufsätze zu verwandeln.

Zunächst hielten die folgenreichen Entwicklungen in der Rock- und Popmusik der späten achtziger und frühen neunziger Jahre – man denke nur an mehr oder weniger avantgardistische Varianten einer wiederbelebten Rockmusik, an HipHop,[34] House, Techno und Grunge – die Vertreter des avancierten Musikjournalismus noch in Atem, boten Gelegenheit, avanciertes Pop-Bewusstsein, das Distinktion gegenüber konkurrierenden Geschmacksvorlieben versprach, in immer neuen Winkelzügen zu demonstrieren. Doch im Gefolge der pogromartigen Ausschreitungen gegen Asylbewerber in Hoyerswerda und Rostock, die plötzlich die öffentliche Aufmerksamkeit auf eine Rechtsrock-Szene lenkten, zeigt sich dann eine offenkundig schon länger schwelende Enttäuschung über fehlendes oder falsches politisches Bewusstsein in der Jugend- und Popkultur. Im »Spex«-Artikel »The Kids Are Not Alright. Das Ende der Jugendkultur« aus dem Herbst 1992[35] gibt Diederichsen mit Entsetzen zu Protokoll, dass die Fernsehbilder von den erwähnten Ausschreitungen »einen repräsentativen Querschnitt der bekannten jugendkulturellen Typen erkennen« lassen: »langhaarige Dinosaur Jr.-Typen, Homies mit allen Arten von Kappen, bunte Techno-Typen – kurz all die, für

sehr undialektischen Banalisierungsfolter zum Opfer gefallen« sei; zum anderen habe sich jedoch schnell gezeigt, dass sich das »›französische Denken‹« durch »Beliebigkeit« auszeichne und eine »frankophile, frankophile, postmoderne Schwaflergeneration« hervorgebracht habe, die damit nur alte und neue »Hippie-Werte« befördere. Da der Autor in der Folgezeit zum Helden dieser Generation avancierte, die sich seit den achtziger Jahren an den geisteswissenschaftlichen Fakultäten der Universitäten tummelt, ist es wenig überraschend, dass Diederichsen in seinem Vorwort zur Neuausgabe nicht auf diesen Punkt zurückkommt. Stattdessen entschuldigt er sich wortreich, aber wenig prägnant und überzeugend für jene Passagen des Buches, »die man sexistisch und essentialistisch nennen kann.« (xvii) Dass »Frauen als Handelnde in der Pop-Musik sowas von abwesend (waren)«, gibt der Autor zu bedenken, um seine damalige Sichtweise verständlich zu machen. Zu den wirklich grundlegenden Einsichten zum Thema sei er jedoch wie alle anderen auch erst nach »den ersten Butler-Lektionen« (gemeint ist wohl das Buch »Gender Trouble: Feminism and the Subversion of Identity«, New York u. a. 1990, dt.: Das Unbehagen der Geschlechter, Frankfurt 1991, der amerikanischen Feministin Judith Butler, R. H.) gekommen. (xviii, xix) Dass Sätze wie »Er [der Oberschüler, R. H.] wird durch die Mittelschülerin zur diskursiven Pop-Musik erzogen« [ebd., S. 102] nichts anderes als Elemente »irre[r] großmäulige[r] Erzählungen« (xvii) sind, wie der Autor in retrospektiver Selbstkritik erkennt, konnte man schon 1985 und ohne poststrukturalistische Unterweisung wissen.

34 Vgl. die Debatte um HipHop zwischen Günter Jacob auf der einen und Mark Terkessidis, D. Diederichsen u. a. auf der anderen Seite in »Spex«-Heften des Jahres 1990.

35 Spex, 11/1992, S. 28–34.

die wir normalerweise glauben, dieses Heft [»Spex«, R. H.] zu machen und
von deren kultureller Praxis in diesem Heft die Rede ist. Mit noch anderen
Worten: Es scheint dringend angezeigt, von dem Konzept Jugendkultur mit
allen angegliederten Unter-Ideen wie Pop, Underground, Dissidenz durch
symbolische Dissidenz, Tribalismus, Revolte, Abgrenzung etc. zunächstmal
Abschied zu nehmen. Sie scheinen nicht mehr in der Lage, die fundamentale
Differenz, die allen Projekten zugrunde liegt, die wir je in jugendkultureller Praxis gesehen haben, festzustellen: den Unterschied zwischen Nazis und
ihren Gegnern.«[36] Diese drastischen »Konsequenzen« seien unausweichlich,
weil »Strategien und Taktiken der Jugendkultur – und das nicht nur in diesem Land – aufgrund weltweiter Veränderungen in der Politik wie in der
Ökonomie so auf den Hund gekommen sind, daß sie eine rechtsradikale
Benutzung nicht verhindern können.«[37] Nur wer irrigerweise Jugend- und
Popkultur als antifaschistischen Schutzwall imaginiert, kann sich über das
freie Flottieren jugendkultureller Zeichen und Stile wundern. Teilt man jedoch nicht die bei Diederichsen immer wieder durchscheinende Hoffnung
auf widerständige jugend- und popkulturelle Strömungen, die ihre Herkunft
aus der einst von Herbert Marcuse in »Die eindimensionale Gesellschaft«
formulierten Randgruppen-Theorie nicht verleugnen kann, dann zeigt sich,
dass Jugendkultur – abgesehen von kleinen Fraktionen der intellektuellen
Jugend – sich nur sehr begrenzt im Sinne diverser symbolischer Strategien
politisieren lässt. Jugendkultur war und ist in erster Linie ein Handlungs- und
Erlebnisbereich, in dem es Jugendlichen zum einen zentral darum geht, an
vorhandenen Konsum- und Genussmöglichkeiten teilzuhaben, die ihnen aus
verschiedenen Gründen vorenthalten werden, zum anderen lassen sich in ihrem Rahmen Lebensformen entwickeln, die – zumindest für einen bestimmten Zeitraum – als Gegenentwurf oder Kompensation zu gesellschaftlichen
Defiziten empfunden werden. Mit dem Erwachsenwerden erledigt sich dann
für die meisten jene von Unsicherheit, Widerspenstigkeit und Aufbruch geprägte Zeit, eine Minderheit richtet sich allerdings in subkulturellen Nischen
ein, die ein Leben jenseits der als bedrückend empfundenen bürgerlichen
Normalität versprechen. Bestenfalls kann die mehr oder weniger unruhige
Jugendphase dazu genutzt werden, aus dem tagtäglichen Erleben eines wenig freudvollen kapitalistischen Alltags politische Konsequenzen zu ziehen.
Jugendliche könnten zu der Einsicht gelangen, dass der Wunsch nach einer

---

36 Ebd., S. 30.
37 Ebd.

Partizipation an den begehrten Konsumgütern oder der Versuch, mit Lebensformen zu experimentieren, die nicht auf aggressive Selbstbehauptung in vielfältigen Konkurrenzen abzielen, schnell an die Grenzen der Eigentums- und Machtverhältnisse in einer kapitalistischen Gesellschaft stößt, die von den Organen des demokratischen Staats rechtlich geschützt und – wenn nötig – gewaltsam verteidigt werden.

Doch mit solchen elementaren Überlegungen mag sich Diederichsen nicht zufrieden geben: weder 1992/93 noch zehn Jahre zuvor. Die nach 1982 einsetzende Frustration über karriereorientierte junge Angestellte, die von den Zeitgeistmagazinen mit Geschichten, Meinungen, Bildern und Produkten versorgt werden, sich über Alternativkultur und Alt-68er lustig machen, sich in Distinktion gegenüber weniger raffinierten proletarischen Konsumenten und gegenüber einem von hoffnungslos veralteten Vorstellungen geprägten bildungsbürgerlichen Milieu üben – also das, was mit der üblichen literarisch-feuilletonistischen Verspätung in den neunziger Jahren exklusiv in Deutschland als Pop-Literatur und -Journalismus versammelt werden wird – führt den Autor nicht zu der schlichten Erkenntnis, dass der auftrumpfende Hedonismus und die radikale Kritik an Hippie- und Alternativkultur in den frühen achtziger Jahren hilflos der Aneignung durch ein an Lifestyle-Distinktion interessiertes Publikum ausgesetzt ist, wenn seine zunächst enge Verknüpfung mit einer marxistischen Kritik an der kapitalistischen Gesellschaft aufgebrochen wird. Vor allem in den erwähnten Texten von Kid P. aus dem Jahre 1982 wurde sehr deutlich, dass die Freude an exzessivem Konsum nicht nur Ausfluss einer raffinierten Strategie der Affirmation war, sondern ungebrochen der Begeisterung für das Populäre, Charts-Musik und schöne Kleidung entsprang. Allein der Zugang zu diesen Gütern, die Zeit, sich ihnen zu widmen, wird durch die Zwänge der gegenwärtigen Gesellschaft beschränkt. Ein Verhältnis zur populären Kultur offenbart sich, das bereits in den frühen fünfziger Jahren Vertreter der britischen Pop-Art in der so genannten »Independent Group« bekunden.[38] In seinem demgegenüber stets avantgardistisch gebrochenen Verhältnis zum Populären stimmt Diederichsen 1985 auf den »postmodernen Beatnik« ein, der davon träumt, dass durch seine Arbeit an der Vervielfältigung der Sinnproduktion »das kulturelle System überladen zusammenbricht.« Tatsächlich hat er sich dann in der Folgezeit fleißig der Sinnproduktion gewidmet, allerdings – Pech für den »postmodernen Beatnik«,

---

38 Vgl. dazu folgende Publikation: David Robbins (Hg.), The Independent Group: Postwar Britain and the Aesthetics of Plenty, Cambridge (Massachusetts) und London 1990.

Glück für den real existierenden Journalisten, der von seinen Publikationen
in der Niveaupresse lebt – sich kaum Verdienste beim einst proklamierten
»Abbau des Überbaus« erworben.[39]

Pop-Theorie und avancierter Musikjournalismus in der Depression

Das in der erschrockenen Reaktion auf den Rechtsrock um 1992 erstmals
deutlich werdende Verblassen der Hoffnung auf die politische Relevanz der
Popmusik setzt dann der Band »Mainstream der Minderheiten« aus dem Jahre
1996 mit Nachdruck fort. Maßgebliche Autoren aus dem »Spex«-Umfeld, die
einst immer wieder den politischen Stellenwert einer jugend- und popkulturellen Aneignung popmusikalischer Waren beschworen hatten, zeichnen nun
folgendes Bild: Eine von gigantischen Medienkonzernen gesteuerte Öffentlichkeit funktioniert als Vereinnahmungsmaschinerie, der sich Subkulturen
mit ihrem Beharren auf Eigensinn und Andersartigkeit nicht mehr entziehen
können. Gerade Unangepasste und Rebellen seien nun gefragte Images, über
die sich der Konsum ankurbeln lasse. Der alte Gegensatz von Mainstream
und Underground (Minderheiten) löse sich auf und sorge für eine kulturin-
dustriell geprägte Öffentlichkeit, in der man vielfältige Minderheitskulturen
gewähren lässt. Diese von Baudrillard inspirierte These einer allmächtigen
Semiokratie krankt an einer Überzeichung jener Toleranzspielräume, die
tatsächlich seit den späten sechziger Jahren enorm gewachsen sind, allerdings
immer noch durch klare Grenzen des moralisch und vor allem politisch Er-
laubten gekennzeichnet sind. Auch biedere Jugendforscher schließen sich seit
Jahren gerne der Rede von der Auflösung einstmals gültiger Ab- und Aus-
grenzungen an, wenn sie zum Beispiel blasiert zu Protokoll geben, dass neuere
jugendkulturelle Phänomene nur noch eine Reprise des bereits Wohlbekann-
ten darstellten, Jugendliche über die vorhandenen jugendkulturelle Symbol-
bestände frei verfügen könnten und deren jugendkulturelle Karriere immer
mehr aus einem Durchlaufen unterschiedlichster Subkulturen bestünde. Diese jugendforscherische Fiktion hat wenig mit einer sozialen Realität zu tun,
die schon seit längerer Zeit dadurch geprägt ist, Jugendliche auf ökonomische
Zwänge einzustimmen, wodurch Ängste vor dem sozialen Abseits stimuliert
werden, die eine Orientierung an konventionellen Vorstellungen im Hinblick
auf Kleidung, Verhalten und Vorlieben wahrscheinlich machen.

39 Diedrich Diederichsen, Sexbeat, S. 179.

Unter Rekurs auf Deleuzes Begriff der »Kontrollgesellschaft« glauben T. Holert und M. Terkessidis einen Schlüssel gefunden zu haben, um die gegenwärtige Situation der Popkultur zu begreifen. Anders als noch in der »Disziplinargesellschaft«, die die Individuen durch äußeren Zwang in gefügige Schüler, Soldaten, Arbeiter verwandle, setze die »Kontrollgesellschaft« auf die physische und psychische Verinnerlichung von Normalitätsstandards, die Zwänge als Freiheit erscheinen lassen: »Während in der Disziplinargesellschaft Arbeit und Erholung strikt getrennt waren, sieht Arbeit heute aus wie Freizeit und Freizeit wie Arbeit. Im Unternehmen schuften die Mitarbeiter, als ginge es um ihr persönliches Vergnügen, und in der Freizeit vergnügen sie sich, als ginge es ums Schuften.«[40] Das sehen die ArbeitnehmerInnen in den immer noch dominanten Berufszweigen, in denen sie ihre Arbeitskraft auf wenig kreative, kaum der Selbstverwirklichung dienende Weise zur Verfügung zu stellen haben, wohl ein wenig anders. Und auch bei wenig subversiv gesonnenen Leuten aus privilegierten Berufszweigen ist der Wunsch nach einer klaren Trennung zwischen Arbeit und Freizeit immer noch weit verbreitet, was natürlich nichts über seine Realisierbarkeit in einer Ökonomie aussagt, die an der stetigen Ausweitung der Verfügbarkeit über menschliche Arbeitskraft interessiert ist.

Den skizzierten postmodernen Tendenzen zur Vermischung hätten auch Jugendkulturen und Popmusik den Weg geebnet: »Während Pop früher einmal die Idee einer ›anderen‹ Seite, wie falsch das schon immer gewesen sein mag, aufrecht erhielt, findet das neue gesellschaftliche Kontrollethos in den Fluchtlinien selbst statt. Die längst eingestellte Zeitschrift Tempo rief Anfang der Neunziger die so genannte ›Popmoderne‹ aus. Sie hat recht behalten und letztlich genau so, wie es ihr lieb war.«[41] Da ist sie wieder: die schon bei Diederichsen aufgezeigte avantgardistische Wendung des Pop-Begriffs, die sich nicht mit den im besten Falle sinnfreien Genussmöglichkeiten der populären Kultur abgeben möchte, vielmehr auf der Suche nach widerständigen Momenten in der Popkultur ist, dabei allerdings immer seltener fündig wird. Das neue Zauberwort, mit dem nun angesichts der Hinfälligkeit eines emphatischen Pop-Begriffs doch noch sinnvoll Ausschau nach Tendenzen jenseits des »Mainstreams der Minderheiten« gehalten werden könne, heißt

---

40 Tom Holert, Mark Terkessidis, Einführung in den Mainstream der Minderheiten, in: Dies. (Hg.), Mainstream der Minderheiten. Pop in der Kontrollgesellschaft, Berlin 1996, S. 5–19, hier S. 15.
41 Ebd.

– wenig überraschend, wenn man sich die Erfolgsgeschichte dieses Begriffs in
den anglo-amerikanischen Cultural Studies vergegenwärtigt – »Repräsentation«: »Heute geht es nicht mehr darum, wer gerade im Besitz der vorgeblichen Authentizität von Pop ist, sondern darum, was und wer in bestimmten
Spielarten von Pop repräsentiert wird. Konzepte der Affirmation oder solche
des Widerstands; der Mainstream oder die Subalternen.«[42] Als ob es bei den
Vertretern des avancierten Musikjournalismus, die ihre Arbeit im Zeichen des
um 1980 sich ausprägenden Pop-Bewusstseins betrieben haben, je um etwas
anderes als die Frage gegangen wäre, wer was wie unter welchen Bedingungen und mit welchen Effekten äußert. Bleibt zu resümieren, dass der Rekurs
auf den Begriff »Kontrollgesellschaft« einen ähnlichen Erkenntniswert wie
vergleichbare Begriffsbildungen in der Soziologie besitzt, man denke etwa an
Prägungen aus den letzten zwanzig Jahren wie »Risiko«- oder »Erlebnisgesellschaft«. Durchaus beachtenswerte gesellschaftliche und kulturelle Tendenzen
werden so stilisiert, dass man das weiter unangetastete Fortbestehen klassengesellschaftlicher Differenzierungen nur noch für eingeschränkt bedeutsam
erklärt oder gar gänzlich leugnet.

Zusammenfassung

Die skizzierten Schreibweisen und Haltungen in der pop-theoretisch und
pop-journalistisch ambitionierten Auseinandersetzung mit Rock- und Popmusik, wie sie sich seit den mittleren bis späten sechziger Jahren entwickelt
haben, lassen sich grob drei Grundrichtungen zuordnen:

1) Die *authentizistische Sicht auf Rock- und Popmusik*, die vor allem um 1968
dominiert, begreift Musik als wichtiges Medium einer Protestbewegung und
Subkultur, die zum einen radikale politische Veränderungen anstrebt und
zum anderen auf eine schon hier und jetzt praktizierbare Bewusstseinser-
weiterung durch Drogen- und Musikkonsum setzt. Entsprechend werden in
der kritischen Rede über die Musik deren Qualitäten zur Beförderung dieser
Zwecke geprüft: man widmet sich dem Inhalt der Songtexte oder benennt
musikalische und soundtechnische Eigenarten der Musik, die für Authentizität im Sinne der genannten Vorgaben bürgen.

42 Ebd., S. 18.

2) Die *vitalistisch-hedonistische Sicht auf Rock- und Popmusik*, die schon in den sechziger Jahren gelegentlich aufblitzt,[43] aber vor allem zu Beginn der achtziger Jahre auf die Spitze getrieben wird, preist die sinnliche Kraft der Musik, nimmt sie als wichtigen Bestandteil innerhalb eines von ausschweifendem Konsum, Genuß und Vergnügen geprägten Lebensstils wahr. Der Kritiker präsentiert sich als selbstbewusster Rezipient, der nur noch sehr bedingt auf das Selbstverständnis der Musiker, auf deren musikalische und lyrische Fähigkeiten Bezug nimmt, sich vielmehr in subjektivistischer Dezision ein Bild von der Musik und ihrem ästhetischen Stellenwert erschafft. Die Frage, wie die Kluft zwischen dem erstrebten schönen Pop-Leben und einer gesellschaftlichen Realität zu überbrücken ist, die nur einer privilegierten Minderheit eine solche Existenz ermöglicht, wird im Rahmen des hedonistisch-vitalistischen Umgangs mit Rock- und Popmusik sehr unterschiedlich beantwortet: das Spektrum reicht von marxistischen Überlegungen bis hin zu zynischer Affirmation sozio-ökonomischer Disparitäten.

3) Die *avantgardistische Sicht auf Rock- und Popmusik* kommt im Gefolge von Punk und New Wave Ende der siebziger Jahre auf. Unter Rekurs auf avancierte Theorieelemente meist poststrukturalistischer Provenienz wird das Feld der Popmusik in immer neuen taktischen Wendungen kartographiert, um dort widerständige Impulse gegen die als kapitalistisch, (kultur-)imperialistisch, sexistisch und rassistisch kritisierten gesellschaftlichen und politischen Verhältnisse ausmachen zu können. Dabei können sowohl ökonomisch erfolgreiche als auch auf Kleinstlabels erscheinende Musikerinnen den, natürlich stets streng situativ vergebenen, Segen der avantgardistischen Kritik erteilt bekommen.

Alle drei Sichtweisen auf Rock- und Popmusik sind im gegenwärtigen avancierten Musikjournalismus anzutreffen,[44] allerdings genießt die avantgardistische Sichtweise auf Pop-Phänomene trotz der oben skizzierten Depression des »Subversionsmodells Pop«, dessen Ende Günther Jacob 1995 verkündet,[45]

43 Immer noch unübertroffen vorgetragen in: Nik Cohn, AWopBopaLooBopALopBamBoom. Der Klassiker der Rock-Literatur [Pop from the Beginning, 1969], München 1995.

44 Konkurrierend zur hier vorgetragenen Kategorisierung des Schreibens über Popmusik unterscheidet Felix Klopotek, Words don't come easy. Wie man Musik schreibt, in: Jochen Bonz, Michael Büscher, Johannes Springer (Hg.), Popjournalismus, Mainz 2005, S. 66–74, politisches, diskursives, literarisches und idiosynkratisches Schreiben über Popmusik.

45 Siehe Günther Jacob, Von Substream zu Mainculture. Das Ende des Subversionsmodells Pop-Subkultur, http://dose.servus.at/hillinger/jakob.html.

immer noch das größte Prestige. Ohne zumeist ausdrücklich und elaboriert
auf die konkurrierenden Sichtweisen Bezug zu nehmen, führt das immer wieder vernehmbare Unbehagen am avantgardistischen Taktieren im Feld der
Popmusik, das natürlich nicht selten schlicht von mangelnder Kenntnis des
Gegenstandes und dem starren Festhalten an höchst konventionellen Vorstellungen herrührt, Vorbehalte an, die in die Richtung einer authentizistischen
und vitalistisch-hedonistischen Perspektive gehen. Die von avantgardistischer
Seite geschätzte Musik mache keinen Spaß, den ihr unterschobenen Intentionen mangele es in Anbetracht der Musikerinnen und ihres Auftretens an
Glaubwürdigkeit. Das stärkste Argument gegen die avantgardistisch anset-
zende Kritik bleibt jedoch, dass die dort einer Musik unterstellten subversiven
Wirkungen sich der Greifbarkeit entziehen, offensichtlich also im Rahmen
der tatsächlich relevanten politischen Auseinandersetzungen keine Resonanz
finden. Diese Einsicht scheint auch den Parteigängern der avantgardistischen
Sichtweise gelegentlich zu dämmern, ist jedoch spätestens bei der Ankunft
neuer Hoffnungsträger wieder vergessen. Sollten diese partout nicht auftau-
chen wollen, bleibt ja immer noch der Rückzug auf die von der Popkultur
noch unbeleckten Traditionen des Modernismus und der Avantgarde. Mit
solchen Sorgen braucht sich natürlich die vitalistisch-hedonistische Sichtweise auf Popmusik nicht zu plagen: Eine naive und idiosynkratisch-subjektivis-
tische Begeisterung für Musik benötigt nur Material, das dazu Anlass gibt,
und die Mittel, um sie sich leisten zu können.

Cultural Studies

Zum Verhältnis von Journalismus und Cultural Studies am Beispiel »Spex«

Wer populäre Kultur anbietet, möchte möglichst gut über die Vorlieben der Nachfragenden informiert sein, die man durch geeignete Produkte, Programme und Ereignisse zu bedienen versucht. Es sind natürlich dennoch nicht die Konsumenten, die das Angebot bestimmen, aber die Anbieter dürften sehr daran interessiert sein, möglichst umfassende Erkenntnisse über das unbekannte Wesen »Konsument« zu sammeln, um dann dieses Wissen bei der Vermarktung ihrer Ware zu instrumentalisieren. Vorreiter einer solchen unumwunden an den kommerziellen Interessen der Anbieter orientierten Erforschung des Publikumsgeschmacks waren bekanntlich einschlägige Meinungsforschungsinstitute in den USA. Dort hat man sich allerdings auch schon recht früh unabhängig von kommerziellen Interessen und ohne die in Europa dominanten bildungsbürgerlichen Vorbehalte dem Phänomen »populäre Kultur« zugewandt. So verweist David Riesman bereits 1950 darauf, dass von einem vereinheitlichten Publikum der populären Kultur keine Rede sein könne, vielmehr davon auszugehen sei, dass das Publikum in eine Vielzahl von Untergruppen mit unterschiedlichen Interessen und Vorlieben zerfalle.[1]

An diese Einsicht knüpfen dann ja bekanntlich die Cultural Studies an, die in den USA seit Ende der achtziger Jahre einen rasanten Aufschwung nehmen. Demgegenüber fristet ein ernsthaftes, wissenschaftliches und nicht unmittelbar kommerziell ausgerichtetes Interesse an populärer Kultur in Deutschland, das nicht gleich als jugend- oder kultursoziologisches auszuweisen sich bemüht, immer noch ein Schattendasein. Zwar hat der erfolgreiche Aufstieg der Cultural Studies in den USA mittlerweile hierzulande größere Aufmerksamkeit im akademischen Feld gefunden,[2] doch bislang hat

---

1 Vgl. David Riesman, Listening to Popular Music [in: American Quarterly 2, 1950, S. 359–371], in: Mass Culture. The Popular Arts in America, herausgegeben von Bernard Rosenberg und David Manning White, Glencoe (Illinois) 1957, S. 408–417. – Zum Stellenwert der Einsichten Riesmans im Diskurs über populäre Kultur siehe Thomas Hecken, Populäre Kultur. Mit einem Anhang ›Girl und Popkultur‹, Bochum 2006, S. 59 f., S. 79 f.

2 Eine Vielzahl neuerer Veröffentlichungen dokumentiert, auf freilich sehr unterschiedliche Weise, das kontinuierlich wachsende Interesse jüngerer akademischer Kräfte an jener Vari-

sich wenig an der Situation geändert, dass nur eingeschränkte Möglichkeiten bestehen, sich an bundesdeutschen Universitäten und Hochschulen dem Studium populärer Musik, populärer Fernsehserien und anderer medialer Erzeugnisse zu widmen. Zwar machen in den Geisteswissenschaften seit einigen Jahre Bestrebungen auf sich aufmerksam, die auf eine kulturwissenschaftliche Erneuerung der philologischen Disziplinen abzielen, doch gibt es bis heute nur eine vorsichtige Rezeption der Cultural Studies. Während sich also forschungspraktische Konsequenzen, die eine kontinuierliche Beschäftigung mit populärer Kultur in Aussicht stellen, in den letzten Jahren bestenfalls zaghaft andeuten, lässt sich hingegen in der Musikzeitschrift »Spex«[3] in den neunziger Jahren ein starkes, wenn auch diskontinuierliches Interesse an den anglo-amerikanischen Cultural Studies feststellen: Wichtige Publikationen der Cultural Studies und zentrale theoretische Versatzstücke, die in diesem akademischen Feld immer wieder bemüht werden, sind dort schon deutlich vor dem einsetzenden akademischen Interesse am Thema diskutiert und auf aktuelle musik- und pop-journalistische Gegenstände appliziert worden.[4]

---

ante kulturwissenschaftlicher Forschung, die unter dem Signum Cultural Studies an anglo-amerikanischen Universitäten und Akademien betrieben wird. Vgl. exemplarisch Vf., Cultural Studies und Pop, Kap. 4, dort weitere Literaturangaben. Zur bundesdeutschen Rezeption der Cultural Studies vergleiche Lothar Mikos, Cultural Studies im deutschsprachigen Raum, in: Andreas Hepp, Rainer Winter (Hg.), Kultur – Medien – Macht. Cultural Studies und Medienanalyse, 3., überarbeitete und erweiterte Auflage, Wiesbaden 2006, S. 177–192.

3   Die Zeitschrift »Spex« erscheint erstmals im November 1980. Die ursprünglich von einem Herausgeberkreis geführte Zeitschrift, der zugleich auch als deren Gesellschafter fungiert, wird im Jahre 2000 an die piranha media GmbH verkauft. Vgl. hierzu Richard Gebhardt, Zur Rezeption der Cultural Studies in »SPEX – Magazin für Pop-Kultur«, in: Die Werkzeugkiste der Cultural Studies. Perspektiven, Anschlüsse und Interventionen, herausgegeben von Udo Göttlich, Lothar Mikos und Rainer Winter, Bielefeld 2001, S. 175–200, hier S. 180, S. 190 f. u. S. 194.

4   Vgl. dazu Gebhardt (ebd.), der zeigen will, dass in »Spex« »eine vom Cultural Studies-Diskurs beeinflusste Schreibweise des Popjournalismus« zu beobachten sei (S. 175). – Generell ist zu vermerken, dass die akademische Rezeption popkultureller Phänomene sich nicht konsequent auf jene Medien richtet, die in der jeweiligen Szene oder Subkultur maßgeblich sind (seit Punk und New Wave vor allem Fanzines und Zeitschriften), sondern weiter auf das Buchmedium fixiert bleibt. Aus diesem Mangel an Aufmerksamkeit für die weniger prestigereichen und oftmals nur über einen kurzen Zeitraum erscheinenden Periodika können sich dann Fehleinschätzungen ergeben. So haben z. B. aktuelle Rezensionen zur Neuauflage von Peter Glaser (Hg.), Rawums: Texte zum Thema, Köln 2003 (zuerst: 1984), einer Anthologie, die retrospektiv dem Label »Pop-Literatur« zugeschlagen wird, diesen Band vielfach als einflussreiche und bahnbrechende Publikation gewürdigt. Ein Blick in die Zeitschrift »Spex« aus jener Zeit hätte schnell darüber belehrt, dass der Band sowohl beim Leserpublikum auf wenig

Das Interesse der Zeitschrift »Spex« an den Cultural Studies speiste sich sicherlich zunächst einmal zu einem Gutteil aus dem Gefühl der Anerkennung, die deren erfolgreiche Bemühungen den eigenen Anstrengungen auf journalistischem Terrain verschaffen. Legitimieren die Cultural Studies doch auf dem prestigereichen Feld der Wissenschaft die jahrelange Arbeit des Magazins, Popkultur zu einem sowohl ästhetisch aufregenden als auch politisch folgenreichen Gegenstand zu erheben, popkulturelle Gegenstände nicht kurzerhand schlichten soziologischen und ökonomischen Erklärungen zu überantworten, die Verabsolutierung der Maßstäbe legitimer Kultur aufzubrechen, mit der das Privileg einhergeht, nur solchen Werken eine ästhetische Betrachtung zuzubilligen, die in ihrem eigenen Feld sanktioniert sind. Hier wie dort hofft man darauf, die analytische Durchdringung der Popkultur mit politischen Interventionen in symbolisch-kulturelle Auseinandersetzungen zu verbinden.

Auch die Biographien wichtiger Cultural Studies-Vertreter, die vielfach als Pop-Journalisten begonnen haben oder noch als Professoren Pop-Kolumnen für Zeitschriften schreiben, legen nahe, Cultural Studies und journalistische Arbeit im Felde der Popkultur als bruchloses Kontinuum aufzufassen.[5] Dass in beiden Feldern sich das Interesse darauf richtet, abweichende ästhetische Praxen der Produzenten und Konsumenten populärer Kultur aufzuspüren, um diese als »empowerment« zu begrüßen (Cultural Studies) oder als zeitgemäße subversive Haltung zu propagieren (avancierter Musikjournalismus), deutet bei aller vordergründigen Übereinstimmung bereits auf grundlegende Differenzen bezüglich des Ortes und des Stils der Beobachtung popkulturellen Treibens. Adressat der Texte von Cultural Studies-Intellektuellen, die durch eine langjährige universitäre Sozialisation geprägt worden sind, eine mehr oder weniger gesicherte Stellung innehaben, ein bereits relativ fortgeschrittenes Lebensalter im Vergleich zu den Protagonisten subkultureller Szenen aufweisen, sind – bei aller Bemühung um Breitenwirkung – vor allem Intellektuelle im eigenen Forschungsfeld und diese dürften sich dann doch zunächst einmal – bei aller Aufgeschlossenheit für Arbeiten, die sich eingehend mit populärer Kultur beschäftigen – für das benutzte theoretische Instrumentarium, für die Schreibweise, also für den Grad der Erfüllung jener

---

Gegenliebe stieß, als auch den daran beteiligten Autorinnen und Autoren der Zeitschrift eher peinlich war.

5 So vertritt Angela McRobbie, Introduction, in: dies., Zoot Suits and Second Hand Dresses: An Anthology of Fashion and Music, Houndmills u. a., xi-xx, die These einer Konvergenz von Cultural Studies und Musikjournalismus in der literarischen Gattung des Essays.

Standards, die in der eigenen Sektion der scientific community jeweils maßgeblich sind, interessieren. Dass zu diesen im Feld der Cultural Studies auch
der offen deklarierte oder eher unterschwellig artikulierte politische Gehalt
des behandelten Gegenstandes zählt, ist ein bemerkenswerter Umstand, der
sicherlich zur Attraktivität der Cultural Studies beim akademischen Nach-
wuchs beiträgt, jedoch überzogene Vorstellungen über die politische Wirksamkeit wissenschaftlicher Arbeit genährt hat, für deren absehbares Scheitern
Tendenzen der Institutionalisierung der neuen Disziplin sowohl von Cultural
Studies-Intellektuellen selbst als auch in der politisch engagierten journalistischen Kommentierung verantwortlich gemacht werden.[6]

Die in »Spex« geäußerte polemische Befürchtung, dass die Cultural Studies zu einem »Beratungsbüro der Kulturindustrie«[7] verkommen könnten,
zeugt von ökonomischer Naivität und mangelndem Bewusstsein, was die materiellen Grundlagen der eigenen Schreibtätigkeit anbelangt. Es sind ja gerade
die Cultural Studies, in denen aus einer im Vergleich zum journalistischen Ta-
gesgeschäft größeren zeitlichen Distanz Phänomene der Popkultur analysiert
werden, was dann seinen Niederschlag in der Veröffentlichung von Monogra-
phien oder Aufsätzen findet, mithin Resultate, die für Marketing-Experten
zugleich wenig lesbar, schlecht zugänglich und vor allem wenig pragmatisch
verwertbar sein dürften.[8] Ihrem Beitrag zur Beschleunigung und effektiveren
Gestaltung des kulturindustriellen Verwertungsprozesses verdankt hingegen
eine Zeitschrift wie »Spex« ihre Existenz. Der hyperbolische Grundton in der
Kommentierung jener Entwicklungen in der Popkultur, die sich in »Spex«-
Kreisen wie auch immer kurzfristiger besonderer Wertschätzung erfreuen,
funktioniert trotz oder – im Hinblick auf das spezifische Publikum der Zeitschrift – gerade wegen der typischen (selbst-)reflexiven Verklausulierung vieler Texte als effektive Verkaufsförderung, versorgt die Marketing-Strategen
der Musikindustrie darüber hinaus mit Ideen und Hinweisen, die u. a. bei
der Selektion aufstrebender neuer Bands und Musiker hilfreich sein könnten.
Daraus einen moralischen Vorwurf gegen »Spex« zu machen, wie es linke

---

6   Vgl. Stanley Fish, Professional Correctness: Literary Studies and Political Change, Oxford
    1995; erläuternd dazu Vf., Cultural Studies und Pop, S. 134 f.
7   Spex 8/95, S. 46.
8   Sowohl schöngeistige Literatur als auch Wissenschaft haben die Popkultur lange Zeit igno-
    riert. H. Kureishi, That's how good it was, in: The Faber Book of Pop, herausgegeben von
    H. Kureishi und J. Savage, London und Boston 1995, xix, nennt die Schreibpraxis, auf die
    sich Pop gestützt hat: »Pop's literary attendant was journalism, which to this day remains its
    acolyte and accomplice.«

Kritiker der Zeitschrift immer wieder tun, verkennt die Gewalt ökonomischer Zwänge, denen man sich nur um den Preis des Rückzugs in subsistenzwirtschaftlich funktionierende Enklaven entziehen kann, was »Spex« als Pop-Zeitschrift, die kommerziellen Erfolg gerade nicht perhorresziert, sondern in geeigneten Situationen sogar eine Strategie der Affirmation für geboten hält, jedoch von Anfang an zu vermeiden suchte.

Zu den Leseerwartungen im Hinblick auf Cultural Studies-Publikationen ist bereits einiges gesagt worden; man geht wohl nicht fehl in der Annahme, dass diejenigen des »Spex«-Publikums einen ganz anderen Zuschnitt aufweisen. Man erhofft sich Informationen, Einschätzungen zu Entwicklungen, Ereignissen und Produkten der Popkultur, die die Selektion des eigenen Konsums erleichtern, die bislang unbekannte Reizquellen erschließen, die selbstgehegte Vorlieben bekräftigen, die Abgrenzung zu jenen sehr unterschiedlichen Gruppen, Musikern oder kompletten Stilrichtungen samt ihrer jeweiligen Fan-Gemeinschaften ideologisch unterstützen, die man bereits in der eigenen alltagsästhetischen Sozialisation auf Distanz zu halten versucht oder nur noch Ekel auslösen. Dass diese Erwartungen immer wieder enttäuscht werden, zeigt sich für eine Zeitschrift wie »Spex« an sinkenden Verkaufszahlen oder an Leserbriefen – wobei die dazu notwendige Schreibarbeit ihrer Verfasser noch vage Hoffnung auf zukünftige Erfüllung der bislang versagten Wünsche bekundet –, in denen z. B. notorisch im Brustton gerechter Empörung Klage über die Unverständlichkeit der Artikel und Kritiken geführt wird. Davon bleiben Cultural Studies-Intellektuelle in ihrer scientific community wohl weitgehend unbehelligt, doch in der Lehre an Universitäten, in deren Veranstaltungen sich ja das Publikum für wissenschaftliche und journalistische Betrachtungsweisen der Popkultur überschneidet, werden auch sie mit deutlichen oder versteckten Signalen konfrontiert, die teilweises oder gänzliches Unverständnis bekunden. Dennoch bleibt die Differenz festzuhalten, dass wie auch immer intellektuell avancierte Pop-Zeitschriften darauf verwiesen sind, den Erwartungen der werbetreibenden Wirtschaft und ihres Lesepublikum zumindest soweit zu entsprechen, dass die Existenz der Zeitschrift gesichert bleibt; demgegenüber sieht sich wie auch immer institutionell deklarierte wissenschaftliche Beschäftigung mit Popkultur, soweit sie in den Genuss staatlicher oder vergleichbarer, d. h. nicht unmittelbar an Verwertungsinteressen gebundener privater Förderung kommt, ausschließlich den habituellen, symbolischen Zwängen des Wissenschaftsbetriebes ausgesetzt, von denen sich zudem unter dem Einfluss postmoderner Strömungen einzelne Gelehrte erfolgreich dispensieren konnten.[9]

Ob in solchen und anderen Tendenzen der Ästhetisierung intellektueller Diskurse, die dann nur noch eine vage Verwandtschaft mit einem eher traditionellen Verständnis von Wissenschaft aufweisen, Chancen für einen entfesselten, von institutionellen und ökonomischen Schranken befreiten Diskurs über Popkultur liegen, ist sehr zweifelhaft. T. Holerts Annahme, dass »gerade ›The Aesthetics of Cultural Studies‹ die beste Propaganda für ihre politischen Anliegen« seien,[10] überschätzt das Potenzial einer Entdifferenzierung von Kunst, Kritik und Wissenschaft, solange grundlegende politische und ökonomische Herrschafts- und Machtverhältnisse kapitalistischer Gesellschaften nicht überwunden sind. Bis dahin erscheint es vielversprechender, die Spannung zwischen betont nüchterner wissenschaftlicher Arbeit einerseits und einer avantgardistischen ästhetisch-literarischen Schreibpraxis andererseits, die in etwa seit Beginn des 20. Jahrhunderts im kunst-, film-, literatur- und musikkritischen Diskurs beobachtet werden kann, der seinerseits Elemente und Versatzstücke heterogener Diskurse vermischt, aufrechtzuerhalten. Begründete Aussagen und Meinungen über ästhetische Strukturen, über die Wirkungsweise und über sozio-kulturell differente Rezeptionsmuster populärer Kultur lassen sich in den beiden Feldern vor allem dann erzielen, wenn das jeweilige Tun in Wissenschaft und Kritik zunächst konsequent den eigenen Maßstäben verpflichtet bleibt. Sicher kann es nicht schaden, die andere diskursive Praxis möglichst genau zur Kenntnis zu nehmen. Im besten Falle springt dabei für die betroffenen Intellektuellen eine wechselseitige Relativierung wissenschaftlichen und journalistischen Tuns heraus und dem Lesepublikum bleiben Texte erspart, die sich in länglichen, bereits wiederholt geleisteten Theoriereferaten ergehen oder das Sampling von Theoriebruchstücken als wirkliche Einsicht in ästhetische und politische Zusammenhänge auszugeben sich bemühen.[11]

9 Vgl. Tom Holert, College Rock. Die Ästhetik von Cultural Studies, in: Spex 7/95, S. 54–55.

10 Ebd., S. 55.

11 Ausführlichere Überlegungen dazu in Vf., Cultural Studies und avancierter Musikjournalismus in Deutschland, in: Andreas Hepp, Rainer Winter (Hg.), Kultur – Medien – Macht. Cultural Studies und Medienanalyse, 3., überarbeitete und erweiterte Auflage, Wiesbaden 2006, S. 255–266.

Intellektuelle und populäre Kultur

Die Kritik an einem Hip-Journalismus relativiert sich bei einem Blick auf die Tradition der deutschen Kultur- und Kommerzialismuskritik. Dass Jugend- und Popkultur in der Perspektive jener Jugendforschung, die sich hehren pädagogischen Idealen verschrieben hat, der Verdammung, Verachtung, Ignoranz, Instrumentalisierung und Vereinnahmung anheimfällt, korrespondiert der Wahrnehmung populärer Kultur in weiten Intellektuellenkreisen, wie sie noch bis vor kurzem die Diskussion bestimmt hat. Kulturkritische Argumente in einer konservativen und emanzipatorischen Spielart leuchteten universitär situierten Akademikern, Lehrern, Journalisten und Schriftstellern ein. Den einen ist populäre Kultur vor allem ein Gegenstand stumpfen Vergnügens jener Massen, deren mangelnde Kultiviertheit und grobe Sinnlichkeit abstoßend wirkt; entsprechend sind Bemühungen angezeigt, um die als naturgegeben betrachtete Distanz zwischen kultiviertem Bürgertum und barbarischem Pöbel zu wahren. Die anderen hingegen gehen von der sozialen Determination der unterschiedlichen Geschmäcker aus, erkennen deren entscheidende Differenz als hierarchische: hier Verfeinerung, die nur den privilegierten Klassen offen steht, dort grober Genuss, der den kleinbürgerlichen und proletarischen Klassen angedient wird. Für diese Situation seien gesellschaftliche Verhältnisse verantwortlich, in denen der Kulturkonsum der Massen nicht nur ein minderwertiger sei, sondern zugleich auch das Mittel abgebe, jene mit den bestehenden Verhältnissen auszusöhnen, klassenkämpferische Auseinandersetzungen erst gar nicht aufkommen zu lassen. Seine pointierteste Gestalt hat dieses Argument bei Adorno gefunden; in den Händen seiner apologetischen Adepten verblassten zusehends dessen Konturen und der Unterschied zur konservativen Kulturkritik verwischte sich.

Doch auch jenseits dieses Schemas haben sich Intellektuelle in diesem Jahrhundert auf populäre Kultur bezogen;[12] zu nennen sind hier vor allem Vertreter der Avantgardebewegungen von Futurismus über Dadaismus bis hin zur Pop-art. Als Feinde der etablierten legitimen Kultur lag es für sie nahe, sich deren Feind, nämlich die populäre Kultur, die von breiten Massen rezipiert wurde, zum Freund zu machen. Doch aus diesem antibürgerlichen

12 Grundsätzliche Überlegungen zu diesem Verhältnis, das weiter im Banne jener Unterscheidungen steht, die Kant in seiner Kritik der Urteilskraft entfaltet hat, stellt Thomas Hecken (Hg.), Der Reiz des Trivialen. Künstler, Intellektuelle und die Popkultur, Opladen 1997, an.

Affekt heraus ließ sich kein Verständnis dafür entwickeln, dass populäre Kultur für dessen Publikum nicht das schlechthin Andere der legitimen Kultur ist, sondern von diesem ohne Brechung durch avantgardistische Intentionen, die auf die Überwindung der Differenz zwischen Kunst und Leben, Künstler und Publikum, Kunstwerk und künstlerische Tätigkeit abzielten, genossen werden wollte.[13]

Eine andere Spielart, der populären Kultur etwas abzugewinnen, ergab sich in den zwanziger und dreißiger Jahren aus Überlegungen, die sich der revolutionären Arbeiterbewegung im Rahmen ihrer propagandistischen Anstrengungen unter vor- bzw. nachrevolutionären Bedingungen stellten. Um den Erfolg der russischen Genossen in den industriell fortgeschritteneren westlichen Ländern zu wiederholen, setzte man dort auf eine zweckgerechte Aneignung von Formen und Medien populärer Kultur wie Heftchenroman, Film und Radio im Dienste politischer Überzeugungsarbeit. W. Benjamin ging noch einen Schritt weiter, ihm erschien schon die spezifische Rezeptionsform, die das Kino dem Publikum abverlangt, als Einübung einer Haltung, die der revolutionären Überwindung des Kapitalismus entgegenkommt.

Intellektuelle Begeisterung für populäre Kultur in der Zeit nach dem zweiten Weltkrieg artikuliert sich abgesehen von ersten Regungen der Pop-art in Großbritannien vor allem in den USA seit den frühen sechziger Jahren. Faszinosum der Pop-Intellektuellen sind jene Situationen, in denen Produktion und Rezeption avancierter Popmusik und Akte politischer Rebellion ununterscheidbar werden. Doch die Enttäuschung über das Scheitern der Revolte, die am Ende der sechziger Jahre ihre Parteigänger bedrückt, bereitet in der gesamten westlichen Welt den Boden für die Fortsetzung einer ideologie- und kulturkritischen Haltung gegenüber populärer Kultur, die sich vor allem auf die ihr angeblich inhärente Tendenz zur Kommerzialisierung und zur Vereinnahmung ursprünglich subversiver Impulse kapriziert.

Generell gilt es zu beachten, dass das Verhältnis der Intellektuellen zur populären Kultur stark durch nationale Unterschiede geprägt ist. Die europäischen Nationalstaaten verschafften sich ihr ideologisches Fundament unter Rekurs auf eine je eigene Sprache und Kultur, was zur staatlichen Festlegung einer Hochsprache führt, die regionalspezifische Idiome zur Folklore degradiert, und spätestens im Verlaufe des 19. Jahrhunderts die mehr oder weniger

---

13 Zum ambivalenten Verhältnis der Avantgardebewegungen zur populären Kultur vgl. Thomas Hecken, Kunst und/oder Leben. Futuristisches, dadaistisches Varieté, situationistische Aktion, Pop Art, in: Der Reiz des Trivialen. Künstler, Intellektuelle und die Popkultur, herausgegeben von dems., Opladen 1997, S. 109–140.

kodifizierte Festlegung eines Bildungskanons hervorbringt, dem sich selbst die aufstrebende Sozialdemokratie verpflichtet fühlt. Da in den USA die Errichtung eines nationalen bürgerlichen Gemeinwesens nicht im Kampf gegen feudale Strukturen erkämpft werden muß, setzt sich dort die liberale Auffassung durch, dass der Pflege des jeweiligen Kulturguts, das den zumeist europäischen Herkunftsländern der eingewanderten Bevölkerung entstammt, solange Toleranzspielräume zu gewähren sind, wie sie den Geschäftsgang einer kapitalistischen Demokratie nicht behindert. Nicht oder nur partiell in den Genuss dieser Übereinkunft kommt vor allem die rassistisch diskriminierte afro-amerikanische Bevölkerung. Unter diesen Voraussetzungen konnten auch, gemessen am europäischen Bildungskanon, abseitige kulturelle Überlieferungen zum Gegenstand wissenschaftlicher Betrachtung erhoben werden. Zunächst bildet sich ein vorwiegend positivistisches, sozialhistorisches, interaktionistisch und anthropologisch-ethnographisch orientiertes Interesse an Folklore, an urbanen und ländlichen Subkulturen.[14] So hat z. B. Erving Goffman mit seinem Gespür für solche Gesten, Sprachmuster und Verhaltensweisen, die der Aufrechterhaltung einer symbolischen Ordnung dienen oder aber ihre Störung verursachen, Maßstäbe gesetzt, an denen sich auch noch aktuelle Arbeiten aus dem Umfeld der Cultural Studies zu messen haben.[15] Dort transformieren sich die überlieferten wissenschaftlichen Bestrebungen in eine kulturpolitische Programmatik. In den Cultural Studies, deren Konjunktur in den USA ungefähr zur Mitte der achtziger Jahre einsetzt, postuliert man die prinzipielle Gleichrangigkeit dessen, was vordem als legitime und populäre Kultur in ein hierarchisches Verhältnis gesetzt wurde. Den Erzeugnissen und Ereignissen populärer Kultur, den Stilisierungen und Praktiken

14 Vgl. dazu die instruktiven Ausführungen von Chandra Mukerji, Michael Schudson, Introduction: Rethinking Popular Culture, in: dies. (Hg.), Rethinking Popular Culture: Contemporary Perspectives in Cultural Studies, Berkeley u. a. 1991, S. 1–61. Neben den genannten Annäherungsweisen sehen die Autoren noch eine im weiteren Sinne literaturtheoretische Tradition der Beschäftigung mit dem Thema, die in den weiteren Ausführungen dieses Kapitels, vor allem im Abschnitt über die theoriehistorischen Referenzen der Cultural Studies zu berücksichtigen sein wird.

15 Vgl. u. a. Erving Goffman, Fun in Games, in: ders., Encounters. Two Studies in Sociology of Interaction, London 1961; Erving Goffman, On Cooling the Mark Out. Some Aspects of Adaption to Failure, in: Human Behaviour and Social Processes, herausgegeben von Arnold M. Rose, Boston 1962, S. 482–505; Erving Goffman, Wo was los ist – wo es action gibt, in: ders., Interaktionsrituale. Über Verhalten in direkter Kommunikation [1967], Frankfurt am Main 1971, S. 164–292. Und vor allem Erving Goffman, Rahmen-Analyse. Ein Versuch über die Organisation von Alltagserfahrungen [1974], Frankfurt am Main 1980.

ihrer Anhänger soll eine Analyse zuteil werden, die einst den kanonisierten
Kunstwerken vorbehalten war. Ästhetische Strukturen der Popmusik, Trivialliteratur, Videoclips, soap operas und Fanzines gilt es genauer zu untersuchen.
Mit dem Ernstnehmen der ästhetischen Oberfläche erhält die Frage nach den
politisch-moralischen Folgen, die sich im Prozess der Rezeption populärer
Kultur ergeben, einen neuen Stellenwert. Analysen ihrer Wirkung waren früher der Kern wissenschaftlicher Beschäftigung mit populärer Kultur, während
das Pendant dazu auf dem Feld der kanonisierten Kultur eine randständige
Existenz in den Arbeiten politisch und pädagogisch engagierter Interpreten
fristete. Nun soll gleichermaßen im Falle populärer wie legitimer Kultur ge-
klärt werden, was deren Rezeption im Zuschauer, Hörer, Leser bewirkt, welchen Beitrag dieser Prozess zur Verwirklichung wie auch immer bestimmter
besserer Lebensverhältnisse zu leisten vermag.

Resümierend lässt sich festhalten, dass der gesellschaftliche Lebensbereich
»populäre Kultur« in den letzten drei Jahrzehnten als relevanter, wenn auch
immer noch umstrittener, in vielen westlichen Ländern weiterhin marginali-
sierter Gegenstand wissenschaftlicher Erforschung durchgesetzt worden ist.[16]
Das Gewicht je spezifischer nationaler kultureller Traditionen erschwerte in
den meisten europäischen Ländern die Beschäftigung mit den alltäglichen
Lebensweisen und Praktiken unterschiedlicher gesellschaftlicher Gruppen;
starke bildungsbürgerliche Traditionen und Vorbehalte legten die Forschung
auf eine kulturhistorische und soziologische Betrachtungsweise fest. Günsti-
gere Voraussetzungen für Studien, die eine breitere kulturwissenschaftliche
Ausrichtung anstrebten, in der auch ästhetische Gesichtspunkte Berücksichtigung finden sollten, fanden sich in Großbritannien und vor allem in den
USA, wo populäre Kultur schon früh zum ökonomischen Exportschlager
und zum zentralen Integrationsmedium einer kulturell heterogenen Bevölkerung avancierte.

Der akademische Durchbruch jener Bemühungen, die sich selbst mit dem
Signum »Cultural Studies« belegen, fällt in die Zeit, in der die mittlerweile
stark verblasste Postmoderne-Debatte ihren Höhepunkt erlebte. Dort stand
das moderne kulturkritische Beharren auf Hierarchien und Trennungen der
postmodernen Idee eines Spiels mit Vermischungen und Grenzüberschreitun-
gen gegenüber. Folgerichtig machten sich ganz unterschiedliche Kräfte daran,

---

16 Über die unterschiedlichen Annäherungen an populäre Kultur bis Mitte der siebziger Jahre
   informieren Winfried Fluck, Populäre Kultur. Ein Studienbuch zur Funktionsbestimmung
   und Interpretation populärer Kultur, Stuttgart 1979, und G. H. Lewis, The Sociology of
   Popular Culture, in: Current Sociology 26 (1978), S. 1–154.

den Gegenständen und Ereignissen populären Vergnügens zu akademischer und feuilletonistischer Respektabilität zu verhelfen, zu einer Lockerung eingespielter Kulturhierarchien beizutragen. So spricht F. Jameson davon, dass in der Postmoderne die »traditionelle Trennung zwischen ›hoher‹ Kultur und sogenannter Massen- oder kommerzieller Kultur (ein wesentliches Kennzeichen der klassischen Moderne) aufgehoben« werde. Man sei von der »›korrumpierten‹ Welt des Ramschs und des Kitschs fasziniert, von Fernsehserien und von der Readers' Digest-Kultur, von Reklame und Motels, der late show, von der sogenannten Paraliteratur der Kiosk-Genres wie Gruselgeschichte, Liebesroman, Memoiren, Krimis, von Science-fiction und Fantasy; Materialien, die sich nicht mehr nur ›zitiert‹ finden wie etwa bei Joyce oder Mahler, sondern hineingenommen werden in die ›Substanz‹ des Postmodernen.«[17] Doch Ausgangspunkt ist dabei bezeichnenderweise nicht das ungebrochene ästhetisch-sinnliche Vergnügen an den Hervorbringungen populärer Kultur, an Popmusik, ihrem wirkungsmächtigsten, ästhetisch fortgeschrittensten Medium. Vielmehr sorgt der Rückgriff auf Versatzstücke des Populären nur für das Material, aus dessen ironischer Verfremdung der Kunstcharakter postmoderner Artefakte resultieren soll.[18] Populäre Kultur, ihre individuelle und kollektive Rezeption, ihre Funktion als Medium kontinuierlicher ästhetischer Distinktion, ihr Stellenwert in alltäglichen Situationen mit ihren jeweiligen emotionalen Valeurs,[19] bleibt dort außen vor. Mit den Cultural Studies ändert sich das.

Subversion durch Stil

Trotz der unter ihren Parteigängern verbreiteten Scheu vor inhaltlichen und methodischen Festlegungen sollen hier für die Rede über Popmusik die drei wichtigsten Positionen innerhalb des Bereichs der Cultural Studies im Folgenden kurz vorgestellt werden, bevor einige Bemerkungen zum aktuellen

---

17 Fredric Jameson, Postmoderne – zur Logik der Kultur im Spätkapitalismus, in: Postmoderne. Zeichen eines kulturellen Wandels, herausgegeben von Andreas Huyssen und Klaus R. Scherpe, Reinbek bei Hamburg 1986, S. 45–102, hier S. 46 f.

18 Polemisch schreibt Jameson: »Diese selbstgefällige und vor sich hin phantasierende, an ›camp‹ erinnernde Zelebrierung einer im Ästhetischen neuen Welt [...] ist ganz unannehmbar.« (ebd., S. 91)

19 Eine genaue Vorstellung davon, was es heißt, ein Leben im Medium populärer Kultur zu führen, vermittelt Gordon Legges großartiger Roman »The Shoe« (Edinburgh 1989).

Stand der Populärmusikforschung im Feld der Cultural Studies das Kapitel
beschließen.

Gleich eine ganze Reihe von Autoren in jenem Feld der Cultural Studies,
das sich populärer Kultur, den Aneignungsweisen ihrer Produkte in Jugend-
und Subkultur widmet, bemüht sich darum, ihrem Forschungsgegenstand
nicht nur ästhetischen Reiz abzugewinnen, wie es ihnen Sontag, partiell
auch Barthes und Eco vorgemacht haben, sondern auch eine politisch-gesell-
schaftliche Dimension. Dabei hat man zentrale Thesen von Dick Hebdiges
»Subculture: The Meaning of Style«, die sich wiederum der Aneignung u. a.
der genannten Autoren verdanken, in die eigenen Überlegungen einfließen
lassen.[20] So geben sich Anläufe zu einer historischen Vergegenwärtigung der
Entwicklung subkultureller Artikulation oft mit einem mehr oder weniger
knappen bzw. zuverlässigen Referat dieses Buches zufrieden. Mittlerweile
sind einige plakative Begriffe aus Hebdiges »Subculture« zum Allgemeingut
nicht nur der akademischen Welt geworden. Auch gerade jene subkulturellen
Kreise, die Hebdige in seinen melancholischen Schlussbemerkungen als un-
erreichbares Publikum für eine Studie dieser Art apostrophiert, hätten großes
Interesse an ihr bekundet.[21] Darüber hinaus faszinierte das Buch offensichtlich sowohl die Werbung[22] als auch die Jugendsoziologie der frühen achtziger
Jahre.[23] Dennoch sollen im Folgenden einige der dort entfalteten argumenta-
tiven Linien kritisch nachgezeichnet werden.

Drei Geschichten geben das von spektakulären Ereignissen, Stilen, Kon-
frontationen gestützte Rückgrat des Buches ab: die Geschichte der britischen
Subkulturen der Nachkriegszeit bis Punk, die Phantom-Geschichte der un-
bewussten und bewussten Beziehungen zwischen schwarzen und weißen Subkulturen und die Geschichte des kurzen Höhepunktes bisheriger subkultureller Artikulation: Punk als Mode, Musik etc. Der rhetorische Witz dieser
Geschichten speist sich aus literarischen und theoretischen Quellen: Namen

---

20 Dick Hebdige, Subculture. The Meaning of Style, London 1979.

21 So Martin Barker, Anne Beezer, Reading into Cultural Studies, herausgegeben von dens.,
London und New York 1992, S. 115; dort werden einige Angaben über den publizistischen
Erfolg des Buches referiert.

22 Darauf verweist Neil Nehring, Flowers in the Dustbin. Culture, Anarchy, and Postwar England, Ann Arbor 1993, S. 82, unter Rekurs auf S. Frith.

23 In Deutschland machte die Shell-Studie Jugend '81 in den vielbeachteten Passagen über
jugendkulturelle Stile starke Anleihen bei D. Hebdige. Die unvollständige und miserable
deutsche Übersetzung in Diedrich Diederichsen, Dick Hebdige, Olaf Dante Marx, Schocker.
Stile und Moden der Subkultur, Reinbek bei Hamburg 1983, spekulierte auch auf den damaligen Boom des Stilbegriffes.

wie J. Genet, R. Barthes, J. Kristeva, A. Gramsci, L. Althusser, St. Hall, Ph. Cohen usw. sollen die Verbindung zwischen Avantgarde und innovativer Subkultur verbürgen, Begriffe beisteuern, die diesen Zusammenhang in avancierter theoretischer Währung ausmünzen, theoretische Modelle liefern, die den gesuchten politischen Charakter subkultureller Praxis zugleich bestätigen und entwerten können. Der damals noch sehr unsichere Status eines solchen Unternehmens, das solide theoretische Kenntnisse demonstriert, vor allem aber auch mit den musikalischen Vorlieben der Subkulturen und mit dem Pop-Diskurs in Zeitschriften und Büchern vertraut ist, zeigt sich daran, dass Hebdige stark den essayistischen Charakter seines Buches hervorkehrt, indem er auf Seitenangaben zu den zitierten Texten verzichtet und umfangreiche Referate der herangezogenen theoretischen und literarischen Quellen vermeidet, um seinen Text auf einen vergleichsweise bescheidenen, für nicht-akademische Leser nicht von vornherein abschreckenden Seitenumfang beschränken zu können. Das geht jedoch bei Hebdige nicht mit der autoritativen Anmaßung vieler Essays einher, die durch den Verzicht auf Angabe ihrer Quellen Einspruchsmöglichkeiten abschneiden; statt dessen werden kommentierte Hinweise auf benutzte und für die Leser möglicherweise interessante Literatur gegeben.[24]

Die für die weitere Entwicklung der Cultural Studies zweifellos wichtigste These Hebdiges ist die Beschreibung subkultureller Tätigkeit als Aneignung von Gütern, die als schlichte Gegenstände des Massenkonsums auf den Markt geworfen werden, jedoch dann von ihren subkulturellen Adepten abgewandelt und in neue, ungewöhnliche Zusammenhänge gestellt werden. Der daraus resultierende Bedeutungszuwachs, der freilich auch gerade darin bestehen kann, sich Bedeutungszuschreibungen zu entziehen, indem Bedeutungen durch neue Kontexte widersprüchlich vervielfältigt oder entleert werden, übt Funktionen der Abgrenzung und gelegentlich auch schockierender Provokation aus. Letztere setzen auf der von Hebdige vornehmlich betrachteten Ebene der Kleidung relativ starr festgelegte Kleiderordnungen voraus, in denen die Festlegung der Geschlechterrollen und die Trennung zwischen Privatsphäre und Öffentlichkeit wenig Spielraum bieten, was dann entsprechenden Verletzungen dieser Regeln zu den erwünschten Effekten verhilft.

Das von Vertretern der Cultural Studies später immer wieder beschworene Moment des Widerstandes, der Verweigerung oder gar der Revolte im Zuge der Aneignung und des Umgangs mit symbolischen Materialien und Prak-

---

24 Dick Hebdige, Subculture, S. 178–186.

tiken wie Kleidung, Musik, Tanz, Drogen, Gewalt bemisst sich für Hebdige
im Wesentlichen an der sozialen Herkunft ihrer Träger, an medialen Reaktionen, die daran Anstoß nehmen bzw. daraus interessante und unterhaltsame
Geschichten stricken, und an offenkundigen ästhetischen Innovationen, die
vor allem Punk zu bieten hat. Die eindrucksvollsten Beispiele für diese Praxis,
mittlerweile allerdings durch die öffentliche und mediale Präsenz von Punks
oder ihre Rolle als Anreger für die letztjährigen Kollektionen avancierter Mo-
deschöpfer weniger spektakulär, aber offensichtlich immer noch von einer
radikalen Aura zehrend, gewinnt Hebdige wenig überraschend bei der Betrachtung des Aufzugs von Punks: »Objects borrowed from the most sordid
contexts found a place in the punks' ensembles: lavatory chains were draped
in graceful arcs across chest encased in plastic bin-liners. Safety pins were
taken out of their domestic ›utility‹ context and worn as gruesome ornaments
through the cheek, ear or lip. ›Cheap‹ trashy fabrics (PVC, plastic, lurex, etc.)
in vulgar designs (e.g. mock leopard skin) and ›nasty‹ colours, long discarded
by the quality end of the fashion industry as obsolete kitsch, were salvaged
by the punks and turned into garments (fly boy drainpipes, ›common‹ mini-
skirts) which offered self-conscious commentaries on the notions of moder-
nity and taste. Conventional ideas of prettiness were jettisoned along with the
traditional feminine lore of cosmetics.«[25]
     Die für einen marxistisch inspirierten Intellektuellen alles entscheidende
Frage nach dem politischen Stellenwert einer Subkultur wie Punk mit seiner
»communication of a significant *difference*«[26] beantwortet Hebdige nur graduell verschieden von der klassischen CCCS-These, dass subkulturelle Formen der Widerständigkeit in letzter Instanz nur als politisch unzureichende
magische Lösung unangetasteter gelassener realer Widersprüche zu verstehen
sind. Auch die gängige linke Vereinnahmungsthese, die das Moment der Ver-
unsicherung und Abweichung durch Subkulturen und Musikstile im unvermeidlichen »cycle leading from opposition to defusion, from resistance to

25 Ebd., S. 107. In der Einleitung schreibt er: »[…] deviation may seem slight indeed – the
   cultivation of a quiff, the acquisition of a scooter or a record or a certain type of suit. But it
   ends in the construction of a style, in a gesture of defiance or contempt, in a smile or a sneer.
   It signals a Refusal. I would like to think that this Refusal is worth making, that these gestures
   have a meaning, that the smiles and the sneers have some subversive value, even if, in the
   final analysis, they are, like Genet's gangster pin-ups, just the darker side of sets of regulations
   […].« (S. 3)
26 Ebd., S. 102.

incorporation«[27] verstrickt und entkräftet sieht, macht sich Hebdige ohne entscheidende Vorbehalte zu eigen. Eine unterschiedliche Akzentuierung dieser Annahmen gelingt Hebdige insoweit, als er durch Rekurs auf Vertreter einer radikalen Semiotik die Eigenständigkeit der symbolischen Reproduktion von Gesellschaften hervorhebt. Werden diese auch dadurch zusammengehalten, dass bestimmte Diskurse unangetastet zirkulieren können, dann können abweichende Diskurse wie der des Punk, der sich zudem der ideologischen Vereinnahmung partiell durch die nihilistische Auflösung bestimmbarer Bedeutungen entzieht, zu Erschütterungen des Konsenses führen, der die Stabilität der gesellschaftlichen Institutionen garantiert: »[...] punk style had made a decisive break with its own *location in experience*. This break was both inscribed and re-enacted in the signifying practices embodied in punk style. The punk ensembles, for instance, did not so much magically resolve experienced contradictions as *represent* the experience of contradiction itself in the form of visual puns (bondage, the ripped tee-shirt, etc.).«[28] Auch wenn Hebdige einen defätistischen Rückzieher macht, indem er die zitierte Errungenschaft der auserwählten Schar ästhetischer Innovatoren vorbehält, die von der dumpfen Masse uninspirierter Mitläufer abgehoben wird, so kommt er schließlich doch zu einem bemerkenswerten Schluss: »[...] if a style is really to catch on, if it is to become genuinely popular, it must say the right things in the right way at the right time. It must anticipate or encapsulate a mood, a moment. It must embody a sensibility, and the sensibility which punk style embodied was essentially dislocated, ironic and self-aware.«[29]

Es bleibt festzuhalten, dass Hebdige zwar an den erwähnten Stellen und auch im Tenor einiger weiterer Passagen zu einfachen ideologiekritischen Mustern auf Distanz geht, am Ende jedoch Althussers »»teeth-gritting harmony«« und Barthes' melancholisches Bild des Mythologen, der darunter leidet, dass »keine Synthese von Ideologie und Poesie« in nächster Zukunft zu erwarten sei,[30] das letzte Wort behalten.[31] Kritisch zu vermerken ist auch, dass der zentrale Begriff der Subkultur, die Bestimmung, wer ihr in welcher

---

27 Ebd., S. 100. Zuvor hatte der Autor zwei unterschiedliche, jedoch auch ineinander übergehende Formen der Zerstreuung subversiver Energien beschrieben: ihre von Polizei, Justiz und Medien ins Werk gesetzte repressive und ideologische und ihre über die Warenform vermittelte kommerzielle Variante (S. 92–99).

28 Ebd., S. 121.

29 Ebd., S. 122 f.

30 Roland Barthes, Mythen des Alltags [1957], Frankfurt am Main 1970, S. 151.

31 Dick Hebdige, Subculture, S. 133 und S. 139 f.

Intensität zugehört, nicht angemessen reflektiert wird; die naive Verwendung des Begriffs der Subkultur suggeriert zugleich ihr jeweiliges spontanes Entstehen; soziale, institutionelle und ideologische Kontexte wie Boheme-Zirkel, die spezifisch britische Einrichtung der Art School und die Ideen des Situationismus, deren großer Stellenwert für die Erklärung von Punk mittlerweile gut belegt worden ist,[32] werden vollständig ausgeblendet oder nur am Rande erwähnt.

Rock- und Pop-Sensibilität

Die von Hebdige proklamierte Sensibilität des Punk weist Züge auf, die auch im weiteren Verlauf der Popgeschichte die distinktive Qualität neuer Stilrichtungen verbürgen sollte. Mit Punk setzt die Wendung gegen den naiven Anspruch auf Authentizität ein, der zuvor in der Rede über Pop- und Rockmusik als kritischer Maßstab unbestrittene Geltung besessen hatte. In diesem Diskurs korrespondierte der mitunter ressentimentgeladenen Entlarvung von allgegenwärtigen Tendenzen der Vereinnahmung und des Ausverkaufs die unbeirrbare Hoffnung, dass aus dem wahren Geist des Rock'n'Roll stets aufs Neue unverfälschte, aufrührerische Ausdrucksformen geboren werden. Die Abwendung vom Kult des Authentischen findet ihren Höhepunkt in der überdrehten Verherrlichung kommerziellen Erfolges im Rahmen eines elaborierten Pop-Diskurses in den frühen achtziger Jahren. Das Register der Distinktion durch Gesten, Stilisierungen, Idiosynkrasien findet seine ideologische Überhöhung im Gebrauch eines Vokabulars, das mit vagen, raunenden Begriffen wie Taktik, Strategie und vor allem Subversion angefüllt ist.

Im Kontext der Cultural Studies hat sich Simon Frith an die Aufgabe einer genauen Analyse jener Sensibilitäten gemacht, deren Differenz seit Punk offenkundig ist. Ihm geht es in einer Reihe von Arbeiten um die ideologischen Konnotationen von Pop- und Rockmusik, um das jeweilige Selbstverständnis ihrer Exponenten, das sich in Abgrenzung zum konkurrierenden Widerpart artikuliert. Das charakteristische Medium einer ideologischen Deutung der Pop-Zeichen sei jener Diskurs, den Frith treffend »low theory«

---

32 Vgl. die groß angelegten Bücher von Greil Marcus, Lipstick Traces, und Jon Savage, England's Dreaming.

nennt.[33] Agenten dieses vielschichtigen Prozesses seien Manager und Inhaber von Plattenfirmen, Konzertveranstalter, aber auch Musikjournalisten: sie alle wirken, freilich mit höchst unterschiedlichen Möglichkeiten der Einflussnahme, an der Imagebildung jener Acts mit, deren Vermarktung ansteht. Es gilt, Strömungen der jeweils aktuellen Popkultur einen ideologischen Mehrwert abzupressen, der an die Wahrnehmungen, Meinungen, Vorlieben und das Selbstverständnis breiterer Schichten der zumeist jugendlichen Konsumenten angeschlossen werden kann: »The practice of pop involves […] the practice of theorizing. Perhaps we should call the results low theory – confused, inconsistent, full of hyperbole and silence, but still theory, and theory that is compelled by necessity to draw key terms and assumptions from high theory, from the more systematic accounts of art, commerce, pleasure, and class that are available.«[34]

Die folgenreichsten Ausprägungen einer Überhöhung bestimmter Züge der Musik nennt Frith »rock sensibility« und »pop sensibility«. Erstere kreise um den zentralen Begriff der Authentizität, während Letztere jeden Glauben an Darstellungsformen verloren habe, die die emotionale, körperliche Expression und Verausgabung der Musiker zum Gradmesser ästhetisch-politischer Relevanz erheben, und im Gegenzug die Künstlichkeit der zur Schau gestellten Posen, der angeeigneten ästhetischen und musikalischen Traditionen nachdrücklich hervorkehrt. Die Forderung nach Authentizität implizierte in ihren heroischen Tagen am Ende der sechziger Jahre in den USA mehr als »displaying desire and feelings rawly, as if to a lover or friend«.[35] Das Bestehen darauf, dass Musiker sich ihrem Publikum in rückhaltloser persönlicher Wahrhaftigkeit zu überantworten hätten, gewann vorübergehend subversiven

---

33 An verschiedenen Stellen hat Frith diesen Begriff entfaltet: in rudimentärer Form bereits in Rock and the Politics of Memory [1984], in: The 60s Without Apology, herausgegeben von Sohnya Sayres, Anders Stephanson, Stanley Aronowitz, Fredric Jameson, Minneapolis 1985, S. 59–69, hier S. 62 f.; explizit dann in: Art Ideology and Pop Practice, in: Marxism and the Interpretation of Culture, herausgegeben von Cary Nelson und Lawrence Grossberg, Houndmills, Basingstoke u. a. 1988, S. 461–475, hier S. 461 f. Später wird dann auf diese Formulierungen in der Form des Selbstzitates zurückgegriffen: Simon Frith, Howard Horne, Art Into Pop, London und New York 1987, S. 21 f.; Simon Frith, Das Gute, das Schlechte und das Mittelmäßige. Zur Verteidigung der Populärkultur gegen den Populismus [The Good, the Bad, and the Indifferent: Defending Popular Culture from the Populists, in: diacritics 21 (1991)], in: Cultural Studies. Grundlagentexte zur Einführung, herausgegeben von Roger Bromley, Udo Göttlich, Carsten Winter, Lüneburg 1999, S. 191–214, hier S. 174 f.
34 Simon Frith, Art Ideology and Pop Practice, S. 461 f.
35 Simon Frith, Rock and the Politics of Memory, S. 66.

Charakter. In den Akten wechselseitiger Hingabe sollte sich eine Gemeinschaft konstituieren, die sich den gesellschaftlichen, ökonomischen, politischen Zwängen und Zumutungen des kapitalistischen Systems verweigern
wollte. Gesellschaftliche, juristische Vorgaben zum Umgang mit Sexualität
und Drogen wurden ignoriert oder bewusst provoziert, kostenlose Konzerte,
Festivals sollten den beargwöhnten Tendenzen der Kommerzialisierung der
Musik trotzen. Dem Zugriff des Staates auf seine jungen Bürger zu militä-
rischen Zwecken im Zuge des Vietnam-Kriegs versuchte man sich sowohl
individuell als auch durch politischen Kampf zu entziehen. Als dieser Kontext
sich auflöste, dankte die Ideologie einer durch authentischen Rock gestifteten
Gemeinschaft aller jungen Leute nicht gleichfalls mit ab. Hartnäckig hielt
man an der Hoffnung fest, dass jene Musiker, die im Verlauf der siebziger
Jahre zu großen Erfolgen gelangt waren, denen auch beim besten Willen keine authentischen Züge mehr attestiert werden konnten, irgendwann ihr jähes
Ende fänden, wenn der wahre Geist des Rock endlich wieder zu alter Kraft
gelangte. Die Verteidigungsstrategien, die sich die Apostel des Rock, nun
selber stark in der kommerziellen Ausbeutung der genannten ideologischen
Konnotationen involviert, zurechtlegten, um das nun herrschende »business
as usual« zu überhöhen, beschreibt Frith so: »The commercial recuperation of
rock works differently: the profit motive is concealed by sociology and best-
selling records are legitimated in terms of their success as *representing* a mood,
a social current, a generation, and so on (think of those 1960s quasi-academic
rock books or the general stance of *Rolling Stone*).«[36]
   Punk markiert zwar den Übergang zur neuen Pop-Sensibilität, konnte jedoch die machtvolle Fortexistenz der Ideologie der Authentizität nicht
verhindern. Darüber geht Frith in seiner typisierenden Gegenüberstellung
der erwähnten Modelle, die als »low theory« artikuliert werden, leichtfertig
hinweg. Die Parteigänger des »good old rock 'n' roll« feierten, nach anfängli-
cher Irritation, die an der widersprüchlichen, nihilistischen Zeichenwelt des
Punk verzweifelte, diesen Stil als neue Rock-Hoffnung. Eine Rückkehr zu
den Idealen unverfälschten Ausdrucks, die musikalische Direktheit wieder ins
Recht setze; obendrein verkörpere Punk den Protest einer desillusionierten
Jugendgeneration. Gegen diesen Versuch der Vereinnahmung von Punk hat
gerade Frith schon sehr früh darauf hingewiesen, dass dieser nur sehr bedingt
als authentischer Ausdruck der frustrierten Arbeiterjugend begriffen werden
kann. Vielmehr verdanke sich die Erfindung von Punk im Wesentlichen der

36 Simon Frith, Art Ideology and Pop Practice, S. 464.

britischen Art School-Tradition und avantgardistischen Boheme-Zirkeln, wobei Ideen des Situationismus von besonderer Bedeutung waren.[37] Punk sei freilich auch nicht unproblematisch der Pop-Sensibilität zuzurechnen, die sich erst in den frühen achtziger Jahren umfassend durchgesetzt habe. Waren in der Anfangsphase des Punk noch die Bemühung um subkulturelle Authentizität und ambitioniertes Pop-Bewusstsein kaum zu entwirren, so bilden sich in der Folgezeit sehr unterschiedliche Fraktionen heraus, die sich als legitime Nachfolger von Punk betrachteten. Innerhalb dieses sehr heterogenen Spektrums sind idealtypisch zwei gegensätzliche Strömungen zu scheiden. Die eine zielt auf die Definition von Punk als Subkultur, wobei der Kleidungs- und Musikstil der Punks der Jahre 1976/77 als verbindliche Verpflichtung für die Vorlieben eines jeden wahren Punks gilt; die andere sieht in Punk weniger ein fest umrissenes Image, einen klar abgrenzbaren Musikstil, sondern vielmehr ein allgemeines Programm, mit dem die ästhetischen Konventionen des Rock avantgardistisch herausgefordert werden können.[38] Aus dieser Perspektive ist ein fließender Übergang zur Pop-Sensibilität möglich.

Mit Blick auf die seit den frühen achtziger Jahren erfolgreichen Pop-Gruppen aus England, von ABC über Scritti Politti bis hin zu Frankie Goes To Hollywood, beleuchtet Frith einen wichtigen Aspekt des Verhältnisses zwischen Avantgarde und Pop. Ähnlich wie in der klassischen Avantgarde die Vorstellung des sich authentisch entäußernden Künstlers der Vision wich, dass mehr oder weniger gut geplante Aktionen überkommene Rezeptionsmuster ins Wanken bringen sollten, erklärten Popmusiker die Idee der Artikulation authentischer Gefühle für hinfällig. Ihre grundlegende Einsicht: »[…] the basis of performance is not spontaneity […] but calculation […].« Begriffen sich die Musiker nun als selbsterzeugte Kunstprodukte, dann richtete sich entsprechend ihr ganzer Ehrgeiz darauf, alle Aspekte ihrer öffentlichen Präsentation im Sinne ihrer künstlerischen, stilistischen Ambitionen steuern zu können. Damit kommen sie freilich genau dem entgegen, was ansonsten Plattenfirmen mühselig aufzubauen haben: die Verbindung von »sound, image, and personality« zu einem identifizierbaren »commercial package«,[39]

---

37 Simon Frith, Zur Ideologie des Punk, in: Rock-Session 2, herausgegeben von Jörg Gülden und Klaus Humann, Reinbek bei Hamburg 1978, S. 25–32.

38 David Laing, One Chord Wonders: Power and Meaning in Punk Rock, S. 129, unterscheidet zwischen »›real punk‹ clinging in part to subcultural realism« und »›post-punk‹ more concerned with unmaking and exploring musical languages and meanings.«

39 Simon Frith, Art Ideology and Pop Practice, S. 466.

das als Markenzeichen fungiert. An anderer Stelle[40] hat Frith am Beispiel der kurzen Karriere des Kunstprodukts Frankie Goes To Hollywood die Irrwege aufgezeigt, die aus einem forcierten Verständnis der Pop-Sensibilität resultieren. Noch später stellt er die ökonomische Seite des Moments heraus, in dem der neuen Popmusik eine »radical credibility« zukam: »[...] in the late 1970s context of falling sales and punk politics there was [...] a sense that pop's usual gatekeepers (Artists and Repertoire departments, radio programmers, music press editors) were not in control of what was happening. [...] By the time ZTT [das Label von Frankie Goes To Hollywood, R. H.] was formed the new pop sensibility had been subtly transformed into a commercial sensibility – the way to make sense of the pop process was in terms of market competition and success.«[41]

Nicht zufällig avancierte der Begriff des Stils in der Blütezeit der Pop-Sensibilität, die später als 82er-Pop bezeichnet wurde, zur zentralen Kategorie der Wahrnehmung und Bewertung der Musik, der Äußerungen und Gesten ihrer Exponenten. Vermittelt über die Aneignung von Elementen des Strukturalismus und Poststrukturalismus im Diskurs maßgeblicher Pop-Journalisten und Musiker erfuhr das Geschehen in der Popmusik und dem damit verbundenen Reich weiterer Vergnügungen eine intellektuelle Überhöhung, die die marxistisch inspirierte Proklamation der revolutionären Rolle der Popmusik in der zweiten Hälfte der sechziger Jahre weit übertraf. Die Parteigänger von Pop begriffen sich als semiotische Guerilla, die ihre Vorlieben, Einfälle und Idiosynkrasien in einer feindlichen Umwelt des Anti-Konsumismus, des Authentizismus als subversive Taktiken und Strategien deklarieren konnten.

Neben dem Konzept einer avantgardistischen Überhöhung von Popmusik, die auf der Idee beruht, dass unter geeigneten historischen Bedingungen Abweichung gerade durch stilisierte, übertriebene Affirmation zum Ausdruck zu bringen ist, erkennt Frith einen weiteren Strang, den den Einfluss avantgardistischer Ideen auf die neuere Popmusik und ihre Diskurse belegt, in deren Politisierung.[42] Den eindrucksvollsten Beitrag der Pop-Sensibilität in politi-

---

40 In einem Aufsatz mit dem passenden Titel Simon Frith, Frankie Said: But What Did They Mean?, in: Consumption, Identity, and Style. Marketing, Meanings, and the Packaging of Pleasure, herausgegeben von Alan Tomlinson, London und New York 1990, S. 172–185.

41 Simon Frith, Das Gute, das Schlechte und das Mittelmäßige, S. 181.

42 Die Rolle der britischen Musikpresse, die im Rahmen der aufkommenden Pop-Sensibilität neuen Schwung bekam, beschreibt Simon Frith, Art Ideology and Pop Practice, S. 467, lakonisch so: »[...] they do suggest that the processes of pop construction can be analyzed and debated.« Eine deutliche Nachwirkung des Situationismus sei erkennbar, wenn auf diese

scher Hinsicht sieht Frith im Feld der Geschlechterverhältnisse, der Konstruktion und Thematisierung von Sexualität. Durch Gruppen wie Gang Of Four und Au Pairs hätte eine radikale Thematisierung von Geschlechterrollen und feministische Gesichtspunkte Eingang in die Popmusik gefunden; der schwulen Subkultur bot die Disco-Musik ein Medium der Selbstdarstellung. Frauen und Mädchen ermöglicht diese Musik eine Form des Vergnügens, die nicht auf die Identifikation mit männlichen Musikern bezogen ist, sondern das narzisstische Verhältnis zum eigenen Körper in den Mittelpunkt rückt.[43]

Der Stärke der Popmusik in der Auseinandersetzung mit sozio-kulturellen Standards der Normalität korrespondiere jedoch ihre Schwäche in der Thematisierung von Klassenverhältnissen: »Class consciousness – this is the problem for Marxists – has, by contrast, on the whole not been amenable to pop treatment – pop celebrations of ›working classness‹ have not created audiences along politically conscious lines (think of country music or mainstream American ›blue-collar rock‹).«[44]

In Neil Nehrings recht einfach gestrickter Geschichte subkultureller und avancierter literarischer Tendenzen im »Postwar England«, die anarchistische Anleihen munter mit allerlei anderen avantgardistischen Strömungen vermengt, spielen darum die Tradition der Avantgarde und die Hervorbringungen jugendlicher Subkulturen die Rolle der Helden, die zur Identifikation, Nachahmung, Fortsetzung ermuntern sollen. Ihnen kommen sehr verschiedene Attribute zu, die dennoch alle in normativer Wendung als gute Abweichung vom bestehenden Schlechten, sei es des anspruchslosen populären Mainstreams oder des elitären ästhetischen Modernismus, verstanden werden sollen: »cultural dissidence«, »virtue of negation«, »antiauthoritarianism«, »cultural anarchism«, »destructive passion«, »creative deviance«, »outlaw emotions« und »voices of contumacy«.[45] Aus seiner Erzählperspektive, die sich den Cultural Studies verpflichtet weiß, sind sie für ihn doch »the most progressive postmodernism available«,[46] ist es für Nehring schon ein politischer Akt, diesen Bestrebungen, Impulsen und Stimmen Gehör zu verschaffen, da die Politik der gegenwärtigen Regierungen in England und den

---

Weise »pop as spectacle, situation, event, as something that involves the construction of an audience« (S. 468) gesehen werde.

43 Simon Frith, Art Ideology and Pop Practice, S. 468.

44 Ebd., S. 475.

45 Neil Nehring, Flowers in the Dustbin, S. 1–9.

46 Ebd., S. 2.

USA ihre Bevölkerungen auf konsequent positives Denken zu verpflichten suche. Ohne Nehrings etwas kurzschlüssige Sicht des Zusammenhangs von sub- und popkultureller Abweichung und politischer Wirksamkeit zu teilen, betont auch Frith das notwendig negatorische Moment popkultureller Strömungen, denen in geeigneten historischen Situationen politische Relevanz zukäme: »Culture as transformation [...] must challenge experience, must be difficult, must be *unpopular*.« Ein nur scheinbar selbstwidersprüchliches unpopuläres Populäres (»*unpopular popular*«) wäre das popkulturelle Gegenstück zu jenen Qualitäten, die man avancierten Werken der legitimen Kultur zuschreibt: »The utopian impulse, the *negation* of everyday life, the aesthetic impulse that Adorno recognized in high art, must be part of low art too.«[47]

»Populäre Kreativität«

Was Hebdige an spektakulären Subkulturen und Frith für den Fall der subkulturellen und intellektuellen Popmusik-Rezeption darzulegen sich bemüht, nämlich dass ein ungewöhnlicher, demonstrativer Aneignungsmodus marktförmig verbreiteter Waren unter geeigneten kulturellen Randbedingungen subversive Effekte erzeugen kann, wobei freilich die in den einzelnen Abschnitten explizierten, mehr oder weniger deutlich markierten Einschränkungen dieser Annahme bei den einzelnen Autoren zu berücksichtigen sind, will John Fiske für recht harmlose kulturelle Phänomene reklamieren. Die Anhäufung von Kitschgegenständen in einer Rentnerwohnung, die Platzierung von Plastikrosen auf dem Fernseher einer brasilianischen Familie, die wirtschaftliche Not vom Land in die Stadt getrieben hat, sind für Fiske Gelegenheiten zum Lobpreis der unerschöpflichen Kraft der »popular creativity«[48]: »The social order constrains and oppresses the people, but at the same time offers them resources to fight against those constraints. The constraints are, in the

---

47 Simon Frith, Performing Rites: On the Value of Popular Music, Oxford und New York 1996, S. 20.

48 John Fiske, Cultural Studies and the Culture of Everyday Life, in: Cultural Studies, herausgegeben von Lawrence Grossberg u. a., New York u. a. 1992, S. 154–165, hier S. 158: »It [popular creativity, R. H.] exists not as an abstract ability as the bourgeois habitus conceives of artistic creativity: it is a creativity of practice, a bricolage. It is a creativity which both produces objects such as quilts, diaries, or furniture arrangements but which is equally if not more productive in the practices of daily life, in the ways of dwelling, of walking, of making do.«

first instance, material, economic ones which determine in an oppressive, disempowering way, the limits of the social experience of the poor. Oppression is always economic. Yet the everyday culture of the oppressed takes the signs of that which oppresses them and uses them for its own purposes.«[49] Zwar redet Fiske immer wieder vom kapitalistischen und patriarchalen Charakter der westlichen Gesellschaften, jedoch ist eine auch nur halbwegs klare Vorstellung davon, welche politischen Ziele Fiske verfolgt, nicht zu gewinnen, während diese bei Hebdige ihre – wenn auch inkonsistente – marxistische Ausrichtung erkennen ließen. Es drängt sich der Eindruck auf, dass Fiskes Evokation einer politischen Relevanz der von ihm untersuchten Gegenstände schlicht seine Erfüllung jener Erwartung darstellt, die das kunstgerechte Betreiben von Cultural Studies an einen wie auch immer schwammigen linken politischen Überbau gebunden sehen möchte.

Dass durch das von mächtigen Medienkonzernen produzierte und kontrollierte kulturelle Warenangebot nicht schon festgelegt sei, wie sich die einzelnen Konsumenten daraus bedienen, wie sie das symbolische Material in ihre Biographie und in ihre sozialen Kontexte integrieren, darauf verwendet Fiske seinen ganzen wissenschaftlichen Ehrgeiz. Es geht ihm um eine Aufwertung jener massenkulturellen Produkte, die Gegenstand demonstrativer Aneignung durch ihre Konsumenten werden. Dazu passt, auch wenn im Einzelfall auf Distanz zu Fiskes Intention gegangen wird, dass sich die Analyse der Rezeption von *soap operas* und *serials*, besonders ihrer populärsten Ausprägungen in den Serien »Dallas« und »Dynasty«, zu einem beliebten Gegenstand in den Cultural Studies entwickelt hat. Untersuchungen werden durchgeführt, die das Rezeptionsverhalten von »Dallas«-Zuschauerinnen unter dem in akademischen Diskursen vernachlässigten Gesichtspunkt des Vergnügens betrachten, einer Größe, die sich nicht einer klaren politischen Zuordnung füge.[50] Traditionellen Analyseverfahren wird nicht zugetraut, subkulturelle, aber auch konventionellere Rezeptionsweisen einer Fernsehserie angemessen zu würdigen: »But from the perspective of a postmodern concept of ideology, the activations of *Dynasty* may be understood in all of their multivalence and ambivalence.«[51] Eine bahnbrechende Arbeit zur Analyse der Rezeptions-

---

49 Ebd., S. 157.

50 Ien Ang, Das Gefühl Dallas. Zur Produktion des Trivialen [1985], Bielefeld 1986, S. 138 und S. 160 f.

51 Jane Feuer, Reading Dynasty: Television and Reception Theory, in: The South Atlantic Quarterly 88 (1989), S. 443–460, hier S. 458.

gewohnheiten einer ausgewählten Gruppe von Leserinnen der Gattung »romance«, trivialen Liebesromanen, hat J. Radway vorgelegt. Sie beschließt die Einleitung ihrer vielzitierten Studie mit stärker abwägenden Bemerkungen, die Fiskes Vollmundigkeit nicht teilen: »Asserting that the study's focus on reading as process and event enables us to distinguish analytically between the inchoate desires fueling romance reading and the ideological forms within which those desires are embodied, the conclusion suggests that such an approach helps us to see that although ideology is extraordinarily pervasive and continually determines social life, it does not preclude the possibility of firm though limited resistance. [...] If oppositional impulses or feelings of discontent such as those prompting romance reading can ever be separated from the activity that manages them in favor of the social order, it might be possible to encourage them, to strengthen them, and to channel them in another way so that this very real disappointment might lead to substantial social change.«[52] Hingegen erlaubt sich Fiske nach flüchtigen Bemerkungen zu Musikvideos von Madonna und Tina Turner folgende Generalisierung: »Contemporary urban style is empowering to the subordinate for it asserts their right to manipulate the signifiers of the dominant ideology in a way that frees them from that ideological practice and opens them up to subcultural and oppositional uses.«[53] Doch auch bei bescheidenen ästhetischen Maßstäben erscheinen die von einigen Cultural Studies-Intellektuellen gefeierten Fan-Kulte um Fernsehserien,[54] Liebesromane und Pop-Stars als recht unerhebliches Phänomen, dem bestenfalls eine gewisse Ambivalenz in ihrem Schwanken zwischen trotziger Überidentifikation und devoter Idealisierung des jeweils Verehrten attestiert werden kann.

52 Janice Radway, Reading the Romance. Women, Patriarchy, and Popular Literature [1984], Chapel Hill 1991, S. 17 f.

53 John Fiske, Television Culture, London und New York 1987, S. 253. Ähnliche Vorstellungen durchziehen Iain Chambers' Buchpublikationen, die einen starken Akzent auf Popmusik legen: Iain Chambers, Popular Culture: The Metropolitan Experience, London und New York 1986; ders., Urban Rhythms: Pop Music and Popular Culture, Houndmills, Basingstoke u. a. 1985.

54 So macht Henry Jenkins, Textual Poachers: Television Fans and Participatory Culture, New York und London 1992, S. 283, für die von ihm behandelten »television fans« geltend: »Fandom contains both negative and positive forms of empowerment. Its institutions allow the expression both of what fans are struggling against and what they are struggling for [...].«

Schluss

Mit den genannten Positionen hat man bereits die höchst folgenreichen Konzepte beisammen, die die eminente Wirkung der Cultural Studies für die wissenschaftliche und essayistische Betrachtung der Popmusik bis heute ausmachen. Erst einmal unabhängig von der Richtigkeit ihrer einzelnen Ergebnisse tragen sie alle zu einer Rede über Popmusik bei, die sich deutlich von jener Sprache unterscheidet, mit der sich die Musiker selbst und ihre Fans auf die von ihnen bevorzugte Musik beziehen. Andererseits unterscheidet sich der Diskurs der Cultural Studies-Verfechter aber auch von der vertrauten europäischen Kulturkritik, die in allen massenhaften Vorlieben oder allen Produkten der Kulturindustrie, besonders aber denen der Popkultur, stets Beispiele für die gleiche schematisierte, signalhafte, minderwertige Unkunst gesehen hat. Die Konzepte von Hebdige, Frith, Fiske u. a. ermöglichen hingegen nun überhaupt erst eine differenzierende Rede über einzelne Pop-Produkte und deren Anhänger – und zudem ermöglichen sie dies in einem Rahmen, der genügend semiotische, diskursanalytische, kulturtheoretische Versatzstücke bereithält, um die Rede als eine wissenschaftliche oder essayistische Anstrengung auszuzeichnen, die über die Äußerungen von Fans, Zeitschriftenrezensenten und Zeitgeistautoren hinausgeht. Selbst wenn man die popmusikalischen Gegenstände, über die man schreibt, nicht schätzt, bietet der Cultural-Studies-Diskurs genügend Anhaltspunkte, damit die Rede nicht in den Sog des vermeintlich Minderwertigen gerät.

Zahlreiche Buchpublikationen und Aufsätze zu Fragen und Formen der Popmusik in anerkannten und vor allem in neugegründeten wissenschaftlichen Fachzeitschriften legen in diesem Sinne ein eindrucksvolles Zeugnis über den Erfolg der Cultural Studies ab, die Popmusik und ihre Anhänger zum Gegenstand einer universitären Analyse und feuilletonistisch gehobenen Reflexion zu machen.[55] Auch der politische Grundzug der Cultural Studies hat dem offenkundig nicht entgegengestanden. Die zumeist deutliche Sympathie der Cultural Studies-Autoren für die Musik, über die sie schreiben, hat die Durchsetzung des Cultural Studies-Diskurses aus politischen Gründen heraus oftmals sogar beschleunigt. Annahmen über die Eigenaktivitäten der Popmusik-Anhänger, über die Widerständigkeit subkultureller Akteure

---

55 Siehe als Ausgangspunkt die aktuellen Bibliographien in: Brian Longhurst, Popular Music and Society, Cambridge und Malden 2007; Simon Frith, Will Straw, John Street (Hg.), The Cambridge Companion to Pop and Rock, Cambridge 2001.

und Gruppen, über ständig stattfindende Umcodierungen hegemonialer Botschaften, über die verfremdende, anti-normative Kraft offen inauthentischer, künstlicher Artefakte und über die ermächtigende, tendenziell befreiende Lust und Intensität, die einem die Aneignung der Popmusik verschafft, haben die Cultural Studies-Autoren in die Lage versetzt, ihr Reden und Schreiben von einem positiven politischen Impuls angetrieben zu wähnen.[56]

Die interne Kritik an einer möglichen Verabsolutierung und Überbewertung der genannten Annahmen hat diesen Antrieb wiederum eher verstärkt als behindert. Die zahlreichen Diskussionsbeiträge zum womöglich übertrieben hoffnungsfrohen Zuschnitt vieler Cultural Studies-Studien gehören zur Konstituierung der Cultural Studies unmittelbar hinzu,[57] bis heute füllen sie unablässig die einschlägigen Journale und Tagungsbände. Aktuelle Plädoyers für eine stärker ästhetisch,[58] pragmatistisch[59] oder politisch-ökonomisch[60] ausgerichtete Form der Cultural Studies ändern insofern nichts an deren zentralen Annahmen, als sie weder zu einem marxistischen Ökonomismus oder einer kulturkritischen Massenfeindlichkeit noch zu einer positivistischen, methodisch-disziplinär gesicherten Beschreibung isolierter, gegebener Tatsachen zurückkehren wollen.

Im Verbund mit ihrer politisch-emanzipativen Ausrichtung und ihrer damit zusammenhängenden Umkehrung bzw. mindestens Erweiterung des bildungsbürgerlichen Kanons hat der interdisziplinäre und antimethodische Zug der Cultural Studies ihre akademische Institutionalisierung jedoch mittlerweile an einen kritischen Punkt gebracht,[61] nachdem sie sich im Zuge einer Anpassung etwa der Anglistik an die moderne mediale Welt manchen Lehrstuhl erobern konnten. Den massiven Widerstand, der die Cultural Studies in den akademischen Institutionen erwartet, kann man nicht allein in Deutschland feststellen, wo eine eigentümliche Mischung aus antiliberalen,

---

56 Vgl. etwa zuletzt den groß angelegten Sammelband: Henry Jenkins, Tara McPherson, Jane Shattuc (Hg.), Hop on Pop. The Politics and Pleasures of Cultural Studies, Durham und London 2002.

57 Vgl. Vf., Cultural Studies und Pop, S. 131 ff.

58 Michael Bérubé (Hg.), The Aesthetics of Cultural Studies, Malden u. a. 2005.

59 Peter Osborne, »Whoever Speaks of Culture Speaks of Administration as Well«. Disputing Pragmatism in Cultural Studies, in: Cultural Studies 20 (2006), S. 33–47.

60 Lawrence Grossberg, Does Cultural Studies Have Futures? Should It? (Or What's the Matter with New York?). Cultural Studies, Contexts and Conjunctures, in: Cultural Studies 20 (2006), S. 1–32.

61 Vgl. Simon During, Cultural Studies. A Critical Introduction, London und New York 2005.

avantgardistischen Theorien von Benjamin und Foucault bis Luhmann und Kittler und einem durchgesetzten Kanon der Klassik und Moderne die aus dieser Sicht vulgären Themen und Anschauungen der Cultural Studies von den Universitäten fernhält. Auch in England und Amerika sind, wenn auch auf einem weitaus höheren Niveau, die Widerstände mit Händen zu greifen. Dafür ist die Schließung des Department of Cultural Studies and Sociology in Birmingham nur ein sinnfälliges Indiz.[62] Schwerer wiegt zweifellos die Tatsache, dass die Cultural Studies sich an den sog. Elite-Uiversitäten nicht haben etablieren können, wie Simon During in einem jüngsten Überblick feststellen muss. Dies gilt weltweit, auch in Amerika und England können die »traditional humanities« ihre Stellung wahren, »still in the business of distributing cultural capital to the most favoured social groups or individuals given the opportunity to join such groups«.[63] Nicht zuletzt die wie auch immer relative, vermittelte Nähe der Cultural Studies zur Popmusik sorgt nach wie vor dafür, dass diese Schwelle nicht übersprungen werden kann.

---

62 Frank Webster, Cultural Studies and Sociology at, and after, the Closure of the Birmingham School, in: Cultural Studies 18 (2004), S. 847–862.
63 Simon During, Cultural Studies, S. 12.

Jugendforschung und -soziologie

Im Hinblick auf Kritik und Selbstkritik an theoretischen Prämissen der pädagogischen und soziologischen Jugendforschung scheint es keinen Mangel zu geben.[1] Zu den wichtigsten Kritikpunkten zählen dabei: die Dominanz einer pädagogischen Perspektive auf den Gegenstand, die Angst davor, eine politische Perspektive zu eindeutig politisch-gesellschaftlich erzeugten Problemlagen einzunehmen, Jugendforschung im Sinne von Foucaults Studie »Überwachen und Strafen«[2] als Instrument der Überwachung, Ausforschung, Kontrolle und Normalisierung der als tendenziell widerspenstig betrachteten Jugendlichen, die Konstruktion spektakulärer, simplifizierender Generationentypen, die mangelnde Unabhängigkeit der Forschung von Politik und Medien.[3] Aus all dem scheint dann aber wenig zu folgen, wie der folgende kritische Blick auf bestimmte Ausprägungen der hiesigen Jugendforschung am Beispiel ihres Verhältnisses zur Popkultur, insbesondere zur unter Jugendlichen besonders wirkungsmächtigen Popmusik zu zeigen versucht. Es geht nicht darum, alle bisherigen empirischen und theoretischen Anstrengungen in einer in sich sehr heterogenen Jugendforschung zu verdammen, sondern

1 Vgl. dazu: Jürgen Mansel, Hartmut M. Griese, Albert Scheer (Hg.), Theoriedefizite der Jugendforschung, Weinheim, München 2003. In ihrer Sammelbesprechung aktueller Publikationen aus dem Feld der Jugendforschung unter dem Titel »Das Risiko der Jugendforschung«, in: Soziologische Revue 29 (2006), S. 154–165, hier S. 155, konstatieren Dirk Baier und Klaus Boehnke einen »pädagogisierende[n] Impetus«. Wenig hilfreich für eine angemessene Betrachtung jugendlichen Denkens und Tuns sei auch die of zu beobachtende »Besorgnisperspektive« (ebd., S. 163). Davon kann in den differenziert argumentierenden und um Anschluss an komplexe Theoriediskussionen bemühten Bänden zur Einführung in die soziologische und erziehungswissenschaftliche Jugendforschung nicht die Rede sein: Bernhard Schäfers, Albert Scherr, Jugendsoziologie: Einführung in Grundlagen und Theorien, 8., umfassend aktualisierte und überarbeitete Auflage, Wiebaden 2005; Sabine Andresen, Einführung in die Jugendforschung, Darmstadt 2005.

2 Michel Foucault, Überwachen und Strafen. Die Geburt des Gefängnisses [Surveiller et punir. Naissance de la prison, 1975], Frankfurt am Main 1994.

3 Vgl. vor allem die langjährige kritische Beobachtung der Jugendforschung in den Publikationen von Hartmut M. Griese: H. M. Griese, »Jugend(sub)kultur(en)« – Facetten, Probleme und Diskurse, in: Roland Roth, Dieter Rucht (Hg.): Jugendkulturen, Politik und Protest. Vom Widerstand zum Kommerz?, Opladen 2000, S. 37–47, hier S. 45 f. H. M. Griese, »Ausspioniert und angeschmiert«. Kritik der Jugendforschung und der Pädagogisierung von Jugendproblemen, in: A. Grimm, (Hg.), Jugend, Politik und Demokratie. Perspektiven einer neuen Jugenddebatte und Jugendpolitik. Rehberg-Loccum 1997 (= Loccumer Protokolle 64/95), S. 38–64.

in zugespitzten Thesen problematische Tendenzen in diesem Forschungsfeld
zu skizzieren. Woran der Gegenstand gemessen wird, soll einleitend knapp
erläutert werden, erhellt sich aber auch im Exkurs zu den Möglichkeiten
und Grenzen einer Bezugnahme auf hiesige und internationale Strömungen
innerhalb der Cultural Studies sowie im Schlussabschnitt des vorliegenden
Kapitels.

Die folgenden kritischen Überlegungen wurzeln nicht in einer umfassenden Theorie, deren Möglichkeit ja ohnehin in Zweifel zu ziehen ist.[4] Sie setzen sich vielmehr aus einer Reihe von Perspektiven zusammen, die in dem
genannten Feld eher vernachlässigt werden. Zunächst einmal ist die Sicht der
Fans, Konsumenten und User zu nennen: Sie zeichnet sich vielfach durch
enorme ästhetische Sensibilität und Kreativität, durch eine bohemistische
Lebenspraxis, durch genaue Kenntnis des jeweiligen popkulturellen Feldes
aus, umfasst aber auch die miteinander verzahnten Bereiche des Wissens um
grobe und feine Unterschiede und des Ausspielens dieses mehr oder intuiti-
ven Wissens in Distinktionskämpfen. Dem korrespondiert eine an Bourdieu
geschulte kultursoziologische Perspektive, die den zuletzt genannten Komplex zu verstehen ermöglicht und das generelle Fortbestehen eines engen
Zusammenhangs zwischen kulturellen Vorlieben und sozio-ökonomischen
Lebenslagen in seiner Dynamik zu erfassen versucht. Schließlich wird an die
zentrale marxistische Einsicht angeknüpft, dass der demokratische Rechts-
staat mit seinen Mitteln eine gesellschaftliche Ordnung aufrecht erhält, die
weiter durch den Gegensatz von Kapital und Lohnarbeit mit allen daraus
resultierenden Konsequenzen für die je individuelle und soziale Lebenspraxis
geprägt ist. Ansatzweise hat es in der Tradition der Cultural Studies Versuche
gegeben, die skizzierten Perspektiven in der Erforschung jugend- und popkultureller Phänomene zu kombinieren und so wissenschaftlich produktiv zu
machen.[5] Auf Errungenschaften und Schwächen der Cultural Studies, speziell ihrer neueren deutschen Adaption, wird im Exkurs hier näher einzugehen
sein. Es dürfte deutlich geworden sein, dass sich der hier umrissene Blick auf
gesellschaftliche und kulturelle Zusammenhänge von Sichtweisen abgrenzt,
die eine funktional differenzierte Gesellschaft (Systemtheorie im Anschluss

---

4 Vgl. vor allem die Ausführungen des amerikanischen Literaturtheoretikers Stanley Fish,
   Doing What Comes Naturally. Change, Rhetoric, and the Practice of Theory in Literary and
   Legal Studies. Oxford u. a. 1989, der die unter Intellektuellen verbreitete »theory hope« einer
   radikalen Kritik unterzieht.
5 Vgl. dazu Kapitel 4 in Vf., Cultural Studies und Pop, S. 65–142.

an Luhmann) oder eine Erlebnisgesellschaft (G. Schulze) postulieren.[6] Da hier nicht Zeit und Raum dafür ausreicht, ausführlich und detailliert zentrale Strömungen der Jugendforschung zum Thema Jugend- und Popkultur darzustellen, um sich dann mit ihr kritisch auseinanderzusetzen,[7] werden im Folgenden wesentliche kritische Punkte thesenhaft dargelegt.

Zwei Punkte sind in vielfältiger Weise gegen die Jugendsoziologie vorgebracht worden: nämlich ihre pädagogische Ausrichtung und ihre durch Medien und Politik gesteuerte Aufmerksamkeit für jugend- und popkulturelle Bestrebungen, die sich auf Auffälligkeiten konzentriert, vor allem auf das, was als »antisocial behavior« gilt, das – aus staatlicher Sicht – der Normalisierung durch repressive und (sozial-)pädagogische Maßnahmen bedarf. Spätestens seit dem Höhepunkt der Hausbesetzungen in einigen deutschen und europäischen Großstädten ist dieses Muster immer wieder zu beobachten. Zuvor, also in den siebziger Jahren galt Jugend in der Optik der von »68« inspirierten engagierten Pädagogen und Soziologen als Hoffnungsträger für die Schaffung einer neuen, besseren Gesellschaft. Es lassen sich grob eine reformistische und eine proletarisch-revolutionäre Variante dieser Hoffnung auf die Jugend unterscheiden.

Die reformistischen Kräfte setzten auf die Erziehung zum kritischen Bürger, Zuschauer und Konsumenten, die in Schulen und sonstigen Bildungseinrichtungen zu leisten sei. Die revolutionär gestimmte Fraktion hat sich an einer Verbindung von Erziehung und Klassenkampf abgearbeitet. So lautet übrigens der Titel eines für die damalige Zeit typischen Zeitschriftenprojekts, das im Verlag Roter Stern erschien; auch der Untertitel, »Zeitschrift für marxistische Pädagogik«, setzt einen deutlichen politischen Akzent. Man wollte sowohl in den allgemeinbildenden Schulen, aber vor allem auch in der Arbeiterjugend (also in den Betrieben und Berufsschulen) aufklärerische und agitatorische Arbeit vorantreiben. Letztere Variante verlor dann in den 70er Jahren zunehmend an Kraft: So blieb der erhoffte Erfolg in der politischen Mobilisierung des anvisierten Adressaten aus, Dogmatisierungstendenzen wurden selbstkritisch thematisiert, aber natürlich blieb auch der staatliche Druck auf als verfassungsfeindlich eingestufte Bestrebungen nicht ohne Wirkung, schließlich sind das schlichte Älterwerden der Aktivistinnen und die damit einhergehenden Bemühungen um berufliche Etablierung und Familiengründung zu berücksichtigen. Das weniger anspruchsvolle und durch-

---

6 Vgl. ebd., S. 42–47.
7 Vgl. dazu Kapitel 3 in ebd., S. 49–64.

aus staatskonform auszufüllende Programm der Schaffung eines kritischen Bürgers fand dann seit ca. 1980 in jenen Jugendlichen, die sich in den neuen sozialen Bewegungen (Friedens- und Ökologiebewegung) engagierten, einen normativen Bezugspunkt, der eine kritische, interessanterweise nicht offen dargelegte, sondern krypto-normative Abgrenzung gegenüber – so die recht groben jugendsoziologischen Einteilungen jener Zeit – den action-orientierten und hedonistischen Jugendszenen erlaubte. Mit dem Abflauen der neuen sozialen Bewegungen meldeten sich dann auch erste Stimmen zu Wort, die dem jugendkulturellen Hedonismus ein partielles Recht gegen den ökologisch-alternativen moralischen Rigorismus einräumten; zu einer Kenntnisnahme des radikalen Hedonismus in der Pop-Szene der frühen achtziger Jahre kam es jedoch nicht.

Ein zentraler Grund für diese Vernachlässigung des popkulturellen Feldes ist darin zu sehen, dass trotz der vielbeschworenen Kanonerweiterung seit den sechziger Jahren die wertende Unterscheidung zwischen legitimer und populärer Kultur im akademisch-intellektuellen Feld unter anderen Vorzeichen fortexistiert. So etablierte sich zwar im Deutschunterricht ein erweiterter Textbegriff, der die Fixierung auf die klassischen Gattungen Lyrik, Drama und Roman auflöste, im Gegenzug die Beschäftigung mit sog. Gebrauchstexten (Trivialliteratur, Werbung, Jugendzeitschriften, Songtexten, politischer Rede etc.) in die Lehrpläne aufnahm. Doch diesem neuen Textkorpus, das objektivierend betrachtet werden sollte, wurden weiter die literarisch wertvollen Werke der legitimen Kultur entgegen gehalten, zu denen neben den Klassikern des 18. und 19. Jahrhunderts nun die wie auch immer sozialkritischen Schriftsteller des 20. Jahrhunderts, vor allem jedoch der Nachkriegszeit zählten. In der Musik wurde neben der klassischen Musik zunächst Jazz, später partiell auch sog. anspruchsvolle Rockmusik nobilitiert.[8] Während den

---

8 Vgl. das Nachwort von Dieter Baacke, Beat – Die sprachlose Opposition [1968], München 1970, in dem er die »Artifizialisierung des Beat« (S. 224) feiert. Zuvor war er in seiner Auseinandersetzung mit Adornos Vorbehalten gegenüber populärer Musik zu dem vorsichtig als »Vermutung« markierten Schluss gelangt, »dass er [der Beat, R. H.] selbst ein dialektisches Moment in sich birgt, das seine Simplizität – die auch bestritten werden kann – und seine Integration in den Konsumbereich überwinden könnte.« (S. 51) Helmut Voullième, Die Faszination der Rockmusik: Überlegungen aus bildungstheoretischer Perspektive, Opladen 1987, S. 111, beharrt bei allem Wohlwollen gegenüber populärer Musik auf dem Unterschied zwischen der Sphäre der zeitgenössischen legitimen und populärer Kultur: es könne an Hand des Romans »Ulysses« von James Joyce »mehr von komplexer Wirklichkeit verstehbar werden […], als durch noch so eine vorzügliche Rockmusik.« Michael Fuhr weist in seiner musikwissenschaftlichen Abhandlung »Populäre Musik und Ästhetik. Die historisch-

neu legitimierten Kunstwerken eine Analyse ihres Gehalts und ihrer formal-
ästhetischen Struktur zugebilligt wurde, beließ man es, wenn man sich überhaupt auf als minderwertig eingestufte populäre Kultur einließ, bei einer
ideologiekritischen Annäherung an diese, die jeweils in Vermutungen über
negative Wirkungen von Unterhaltungsliteratur[9] und Popmusik[10] gipfelte,
die es durch die Einübung einer kritischen Rezeptionshaltung abzumildern
oder gar auszuschalten gelte.

Aus dieser Orientierung an einer modernisierten, dem Post-68er-juste-
milieu angepassten legitimen Kultur resultiert ein Vorbehalt gegenüber Jugendkulturen, die sich unter Rückgriff auf die kommerzielle populäre Kultur
entwickeln; hingegen können Haltungen und Vorlieben, wie bereits oben
angesprochen, die an die im Gefolge von »68« entstandene Alternativ-Szene
anknüpfen, mit Sympathie rechnen. Der schlichten Einsicht in das Verhältnis von staatlich geförderter und kommerzieller Kultur scheinen sich große
Teile der Jugendforschung zu verschließen: nämlich dass sich der Staat im
kulturellen Raum darauf verlegt, die Vermittlung wenig sinnlich anregen-
der Bildungsgüter zu gewährleisten und den Erwerb der zu ihrem Genuss
nötigen Kompetenzen zu ermöglichen, wohingegen andere Vergnügungen dem Markt überantwortet werden, man sich ihnen also vorrangig nur
durch käuflichen Erwerb von Gütern und Dienstleistungen hingeben kann.
Entsprechend ahnungslos stimmen pädagogisch besorgte Forscher im Feld
jugendkultureller Bestrebungen das Lamento darüber an, dass Jugend- und
Subkulturen im Prozess der Kommerzialisierung schnell ihres subversiven
Stachels beraubt würden. Dubios, dass sich gerade diejenigen, die nur selten

philosophische Rekonstruktion einer Geringschätzung«, Bielefeld 2007, S. 72, schlüssig
nach, dass D. Baackes Betrachtung des Beat »der ideologischen Grundstruktur klassischer
Musikästhetik verhaftet bleibt.«

9 Vgl. dazu die instruktiven Ausführungen von Ludgera Vogt, Kunst oder Kitsch, über die
literarische Wertungspraxis nach Lockerung des Kanons seit den sechziger Jahren.

10 Das lässt sich vor allem in musikwissenschaftlichen Arbeiten zur Popmusik beobachten, die
sich im Unterschied zu eher soziologisch orientierter Forschung, der es meist gleich um Subkulturen im Zusammenhang mit popmusikalischen Stilen geht, speziell dem musikalischen
Material widmen. So wendet sich Jürgen Terhag, Populäre Musik und Pädagogik, Band 2:
Grundlagen und Praxismaterialien, Oldershausen 1996, S. 8, gegen die versteckte Fortdauer
einer Orientierung an der legitimen Kultur in Musikwissenschaft und -pädagogik: mit dem
Gebrauch des Begriffs »Populäre Musik« wolle er sich »deutlich vom längst hochschulisch
geadelten Bereich der verschulten ›Popularmusik‹, bei dem es in der Regel viel zu selten um
wirklich Populäres geht [absetzen]: In Anlehnung an tradierte Bildungsnormen findet sich
hier weitaus wenig Unterhaltendes, Populäres und Eingängiges als Artifizielles, Abgedrehtes
und Elitäres [...].«

über intime Kenntnis bestimmter Szenen verfügen, dazu aufschwingen, auf
eine Argumentationsfigur zurückzugreifen, die als diskursiver Mechanismus
im Rahmen von Distinktionsbemühungen in den Jugend- und Subkulturen
selbst ständig durchexerziert wird: Dort wird immer wieder der wahre Geist
von Punk, Hardcore, HipHop, Techno beschworen, von dem immer die jeweils anderen als Proponenten seiner kommerziellen Verwässerung abfallen.
   Wichtige Voraussetzung für die Spekulation über »die Jugend« oder über
die vielen unterschiedlichen jugendkulturellen Spielarten (im Sinne des Kon-
sens darüber, dass mittlerweile von einer unübersichtlichen Vielfalt jugendkultureller Bestrebungen auszugehen sei) ist die Vorstellung, dass Jugendliche
nur indirekt ihre Meinungen, Anliegen, Haltungen, Bedürfnisse und Interessen artikulieren, sie also erst durch Deutung in ihrem wahren Sinn erfasst
werden können. So versucht D. Baacke in seinem Buch über die Anhänger
der Beatmusik der sechziger Jahre diese als »sprachlose Opposition« zu begreifen. Ähnlich wird heute von Ronald Hitzler und Michaela Pfadenhauer den Techno-Anhängern »eine facettenreiche Politik der Unterscheidung«
attestiert, die zudem als »Exempel einer ›anderen‹ Politik« herhalten muss,
die die Autoren in polemischer Abgrenzung zu den »berufskritischen Mental-
68er[n]« mit ihrer Fixierung auf »Konventionen kritisch-emanzipatorischer
Politik« (ebd., 45) zu profilieren versuchen.[11] Was Patrick Champagne über
die mediale Berichterstattung über Jugendliche aus den Banlieus schreibt, gilt
auch für viele jugendsoziologische Arbeiten: Ihre »Repräsentation« (hier die
medialen »Erklärungen« der Unruhe in den Banlieus durch Verweis auf »po-
lizeiliche Übergriffe, Jugendarbeitslosigkeit, Kriminalität, die Sinnleere des
Banlieulebens, die Wohnbedingungen, die finsteren Lebensumstände, das
Fehlen von Sport- und Freizeitanlagen, der hohe Ausländeranteil«) eines Geschehens »lässt dem Diskurs der Beherrschten wenig Raum, da diese besonders
schwer zu verstehen sind. Anstatt dass sie selbst zu Wort kommen, wird über
sie gesprochen. Und wenn sie zu den Herrschenden sprechen, dann neigen sie
dazu, sich eines ausgeborgten Diskurses zu bedienen, nämlich des Diskurses,
den die Herrschenden über sie halten. Dies trifft besonders dann zu, wenn
sie im Fernsehen zu Wort kommen: Man hört sie den Diskurs wiederholen,
den sie am Vorabend in den Fernsehnachrichten und in den Sondersendun-

---

11 Ronald Hitzler, Michaela Pfadenhauer, We are one different family. Techno als Exempel einer
   anderen Politik, in: dies. (Hg.), Techno-Soziologie. Erkundungen einer Jugendkultur, Opladen 2001, S. 45–61, hier S. 53 und S. 45.

gen über die Banlieuprobleme gehört haben.«[12] Folgende Einschätzung der
journalistischen Vorgehensweise in der Berichterstattung über die Banlieu-
Vorfälle kann man auch auf viele jugendsoziologische Studien münzen, die
sich abweichenden jugendlichen Verhaltensweisen widmen: »Die journalistische [und die jugendsoziologische, so ließe sich ergänzen, R. H.] Recherche
[...] gleicht im allgemeinen eher polizeilichen Ermittlungen als dem, was
man eine sozialwissenschaftliche Untersuchung nennt.«[13]

Mit seiner Rede vom Diskurs der Jugendlichen, der bereits durch die he-
gemonialen Medien überformt sei, wendet sich Champagne zu Recht gegen
die romantisierende Unterstellung, jene Jugendlichen verstünden sich gleich
darauf, wenn man sie nur endlich zu Wort kommen ließe, ihre Anliegen und
Nöte besonders authentisch und eigenständig zu artikulieren. So ist auch
hierzulande im Zusammenhang mit der intensiven massenmedialen Berichterstattung über Vorfälle, bei denen vorwiegend Jugendliche als gewalttätig
oder zumindest gewaltbereit wahrgenommen werden, immer wieder zu beobachten, dass von Fernsehteams befragte Jugendliche in ihren kurzen Statements auf bereits medial vorgegebene Deutungsmuster für ihr abweichen-
des Verhalten rekurrieren.[14] Da in diese Interpretationsschemata meist auch
sozialwissenschaftliche Kategorien Eingang finden, klingen die mündlichen
Äußerungen mancher Jugendlicher wie eine Karikatur der Einschätzungen
jener Pädagogen, Psychologen und Soziologen, die von den Fernsehsendern
bei solchen Gelegenheiten stets herangezogen und um ihre Expertenmeinung
gebeten werden. Offenkundig ist das Alltagsverständnis, mit dem sich nicht
nur Jugendliche spektakuläre Ereignisse zu erklären versuchen, stark durch
die kontinuierliche Rezeption der Massenmedien, vor allem natürlich des

---

12 Patrick Champagne, Die Sicht der Medien, in: Das Elend der Welt. Zeugnisse und Diagnose
alltäglichen Leidens an der Gesellschaft [La misére du monde, 1993], herausgegeben von
Pierre Bourdieu u. a., Konstanz 1997, S. 75–86, hier S. 78 f.

13 Ebd., S. 79.

14 Festzuhalten bleibt natürlich auch, dass viele Jugendliche bei solchen Gelegenheiten Inter-
viewwünsche der Fernsehteams verweigern. Sicher – neben handfesten Gründen (Angst vor
strafrechtlicher Verfolgung, vor sonstigen existenziellen Folgen, die mit der öffentlichen
Identifikation einhergehen können) – nicht zuletzt deshalb, weil man nicht an einer medialen Inszenierung mitwirken will, von der man aus Erfahrung weiß, dass sie kaum dazu
geeignet ist, einer wirksamen Artikulation ihrer Interessen, Anliegen und Meinungen Raum
zu geben. Allerdings bleibt zu bedenken, dass spätestens seit den auf mediale Aufmerksamkeit
berechneten Aktionen der Kommune 1 im Rahmen der antiautoritären Studentenbewegung
immer wieder der Versuch unternommen wird, kalkulierbares mediales Interesse am jeweiligen Tun dazu zu benutzen, um die Zwecke des eigenen, politisch abweichenden Anliegens zu
befördern.

öffentlich-rechtlichen und privaten Fernsehens geprägt. Es scheint so, als ob sich dieser Effekt besonders unter dem unmittelbaren Eindruck des jeweiligen Geschehens und unter dem medienspezifischen Zwang, sich möglichst kurz zu fassen, in besonderer Weise bemerkbar macht. Entsprechend lässt sich wohl am ehesten Authentisches über jugendkulturelle Zusammenhänge erfahren, wenn man in möglichst handlungsentlasteten Situationen den Betroffenen ausgiebig Zeit einräumt, ihre Situation und ihre Sicht der Dinge darzustellen. Über solche narrativen Interviews hinaus sind natürlich die von Jugendlichen selbst produzierten Medien als wichtige Informationsquelle heranzuziehen. Dort geben sie sich – weit entfernt von ›Sprachlosigkeit‹ – unabhängig von den jeweiligen medialen Interessen einer vergleichsweise ungehemmten Selbstdarstellung hin, die immer noch nicht gebührend ernst genommen wird. Zwar findet man in den entsprechenden Ausführungen zu den Subkulturen des Punk und Hardcore gelegentlich einen Hinweis darauf, dass es so etwas wie Fanzines und Zeitschriften gebe, die in diesen Szenen zirkulieren, sich diese Zeitschriften und Blättchen einmal genauer anzuschauen, hält man jedoch kaum für nötig.[15] Die Chance, sich auf diese Weise mit den wie auch immer kruden Meinungen, Haltungen und Geschmacksurteilen der jeweiligen Szene vertraut zu machen, wird meist ungenutzt ausgeschlagen. Dass die wissenschaftliche Beschäftigung mit Subkulturen nur durch genaue Kenntnis der szeneeigenen Medien zu brauchbaren Resultaten gelangt, hat schon Dick Hebdige in seiner bereits vorgestellten Studie »Subculture« bewiesen.

Immer wieder lässt sich in der Forschung über Jugend- und Popkultur eine unzureichende Kenntnis des popkulturellen Feldes und der in ihm wirksamen Abgrenzungen beobachten. Neben der von Klaus Farin geäußerten Vermutung, dass die ForscherInnnen geradezu ängstlich eine Überprüfung ihrer Thesen durch Kontakte mit Angehörigen jener Szenen vermieden, über die sie opulente Bücher veröffentlichten,[16] lassen viele Arbeiten zu Themen der Jugend- und Popkultur den Schluss zu, dass sie sich weder mit dem zentralen Medium von Jugend- und Popkultur, nämlich der Popmusik in ihren

---

15 Vgl. z. B. Ronald Hitzler, Thomas Bucher, Arne Niederbacher, Leben in Szenen. Formen jugendlicher Vergemeinschaftung heute, Opladen 2001. In den Ausführungen zu den Medien der Hardcore-Szene heißt es lapidar: »Es gibt zahreiche Fanzines [...]. Die Inhalte reichen von Plattenbesprechungen und Bandportraits über politische Themen im engeren Sinne und vegetarische Kochrezepte bis zu zahlreichen Comics. Auffällig ist die Fülle an oft sehr klein geschriebenem Text [...].« (ebd., S. 64 f.)

16 Klaus Farin, generation-kick.de – Jugendsubkulturen heute, München 2001, S. 9.

vielfältigen Varianten, hinreichend vertraut machen, noch ihre ebenso hete-
rogene Repräsentation in Reflexionsmedien wie Zeitschriften, Fanzines etc.
angemessen berücksichtigen.

Als Beispiel für dieses Defizit im Feld der Jugendforschung wird im Folgenden auf ein weit verbreitetes Buch von D. Baacke mit dem Titel »Jugend und
Jugendkulturen. Darstellung und Deutung«[17] einzugehen sein. Bekanntlich
weisen manchmal scheinbare Druckfehler auf etwas Dahinterliegendes hin,
hier: auf mangelnde Vertrautheit mit dem Gegenstand, was dann nicht davon
abhält, sich zum Thema im verbindlichen Ton zu äußern. So nimmt sich D.
Baacke in der 1993er Auflage seines erwähnten Buches der HipHop-Szene
an und erwähnt den DJ-Pionier Kool Herc, der dort als Kool Hirc firmiert;
auch in der sechs Jahre später erscheinenden Auflage ist dieser Fehler nicht
getilgt. Hier ist es nun nicht darum zu tun, kleinlich Druck- und Tippfehler
aufzurechnen, sondern es geht einzig und allein um den symptomatischen
Charakter eines solchen Fehlers. Es geht um die jugendforscherische Anmaßung gegenüber einem Gegenstand, in diesem Falle HipHop, die sich von
mangelnder Informiertheit nicht abhalten lässt, verbindliche Aussagen zu diesem thematischen Komplex zu formulieren. So bezieht sich Baacke in Kern-
punkten seiner Darstellung von »Rap und Hip-Hop« auf einen Aufsatz des
Musikjournalisten Lothar Gorris,[18] der den innovativen Schub im HipHop
seit ca. 1985 in kompetenter Berichterstattung in der Musikzeitschrift »Spex«
dem jungen bundesdeutschen Publikum nahegebracht hatte und nun eine
breiter angelegte Übersicht bietet.[19] Gorris' Artikel wird von Baacke jedoch
höchst ungenau gelesen, wenn es darum geht, Grundzüge der HipHop-Szene
zu entfalten. So heißt es über die Beziehung zwischen LL Cool J und Public
Enemy: »Inzwischen zählt I.I. Cool J [sic] zu den führenden Symbolen der
auftrumpfenden Protestmusik und gleichzeitig zu den Topverdienern. Seine
Gruppe ›Public Enemy‹ kommt aus dem Underground, mit schräg kombi-
nierter Musik und Texten, die Punk- oder Metalsongs noch überbieten.«[20]
Richtig zu stellen ist: LL Cool J gehörte niemals zur Gruppe Public Enemy.

---

17 Dieter Baacke, Jugend und Jugendkulturen. Darstellung und Deutung [1987], 3. Auflage,
Weinheim und München 1999.

18 Lothar Gorris, Rebels Without a Pause: Rap und HipHop, in: Chasin' a Dream. Die Musik
des schwarzen Amerika von Soul bis HipHop, herausgegeben von Gerald Hündgen, Köln
1989, S. 192–218.

19 Die hier und später erwähnten Fehler in Baackes Darstellung rühren übrigens nicht aus
Gorris' sauber recherchiertem Text.

20 Dieter Baacke, Jugend und Jugendkulturen, S. 113.

Der Stellenwert dieser fehlerhaften Zuordnung, wobei es sich – wohlgemerkt
– um herausragende Musiker der HipHop-Szene ab 1985 handelt, erhellt
sich vielleicht am besten durch einen historischen Vergleich: Es wäre so, als
ob man George Harrison zu einem Mitglied der Rolling Stones erklärte. Zudem bleibt der erwähnte Text von Gorris Baackes einzig maßgebliche Bezugs-
quelle in Sachen HipHop, obwohl schon zum Zeitpunkt von Baackes Arbeit
an der zweiten Auflage seines Buches, nämlich im Jahre 1993,[21] sowohl in
Großbritannien, aber vor allem in den USA, informative Buchpublikationen
zur Verfügung standen, die eine differenziertere Sicht auf den Gegenstand
erlaubt hätten. Anstatt sich mit dem heterogenen ästhetischen Material, mit
der Musik, mit den Texten und dem Auftreten der Musikerinnen intensiv
auseinander zu setzen, kommt es dem Autor nur darauf an, sich einmal mehr
seinen immergleichen Reim auf Jugendkulturen zu machen: »Am Rap zeigt
sich besonders deutlich, wie sich immer wieder Ursprünge, Botschaften (Protest) und Kommerzialisierung verbinden und die Medien Träger dieser Mix-
tur sind.«[22]

Das jugendforscherische Lamento, dass eine Jugendkultur mal wieder bei
einer unseligen Allianz guter (Protest) und böser (Kommerzialisierung) Kräfte angekommen ist, verweist generell auf die in der Jugendsoziologie, aber
auch in der neueren deutschen Cultural Studies-Rezeption zu beobachtende
Fixierung auf ein wie auch immer geartetes emanzipatorisches, widerständiges Moment in der Betrachtung von Jugend- und Subkulturen. So z. B. bei
Walter Hornstein, der die Geschichte der Jugend »als Teil eines historischen
Emanzipationsprozesses« zu sehen versucht und dabei – angesichts einer Situation, die durch die »geschichtlichen Erfahrungen und Katastrophen – von
Auschwitz bis Tschernobyl« geprägt seien –, auf eine »Jugendszene« rekurriert, in der »neue Formen von Arbeiten und Leben, von Zusammenwohnen
und Zusammenleben, von Lebensgestaltung, von Zukunfts- und Lebensent-
würfen« erprobt werden. Wider seine Intention, die offensichtlich die Bestrebungen der Alternativszene der 70er und 80er Jahre geschichtsphilosophisch
zu überhöhen trachtet, hat Hornstein allerdings Recht, dass es sich bei den
ökologisch und friedensbewegt inspirierten jugendkulturellen Aktivitäten
um höchst »konstruktive Antworten« auf die von ihm skizzierte Situation

---

21 Einmal ganz abgesehen von der 3. Auflage aus dem Jahre 1999, in der auf eine sehr reichhal-
tige Literatur zum Thema HipHop hätte zurückgegriffen werden können.
22 Ebd., S. 114.

handelt.[23] Dagegen gilt jedoch festzuhalten, dass sich die interessanten popkulturellen Strömungen gerade dadurch auszeichnen, wenig konstruktiv, eher
destruktiv, nihilistisch und radikal hedonistisch auf die als bedrückend empfundenen gesellschaftlichen Zwänge und den Mangel an materiellen Mitteln
zu reagieren.

In diesem Sinne erweisen auch Baacke und Ferchhoff mit ihrem Lob jugendkultureller Kreativität der Popkultur einen Bärendienst, wenn sie schreiben: »Jugendkulturen« seien »sowohl Produkte von Werbekampagnen und
kommerziellen Interessen, denen quasi jede Lebensäußerung, jeder Lebensstil
sofort unterliegt«. Sie seien, so die Autoren weiter im Politiker-Jargon, »aber
zugleich immer auch *ein Stück weit* [Hervorhebung von mir, R. H.] autonome
Konstrukteure alltagsweltlicher Lebensbezüge und Lebensordnungen«; seien
»also in diesem Sinne durchaus als ›kulturelle Neuerer‹ und ›kreative Produzenten‹ zu betrachten. Darüber hinaus enthalten sie auch ein Moment von
Widerstand, von kritischer Produktivität.«[24] An anderer Stelle hebt Baacke
hervor, dass er sich weiterhin darum bemühe, jugendkulturelle Bestrebungen
als »*kulturelle* Produktivkraft« darzustellen.[25] Das hält ihn dann jedoch nicht
davon ab, ausführlich eigene und von anderen Autoren formulierte Versuche
zu entfalten, die jugendkulturelle Vielfalt auf wenige grundlegende Szene-
typen, Orientierungen und Milieus reduzieren. Über die Konsequenz eines
solchen Vorgehens, nämlich dass damit die »von Jugendlichen selbst einge-
forderten Distinktionen weniger beachtet werden dürfen«,[26] ist sich der Autor
durchaus im Klaren. Sicherlich ist es so, dass die wissenschaftliche Betrachtung jugendkulturellen Treibens nicht einfach das Selbstverständnis der beob-
achteten Akteure reproduzieren sollte. Doch ein solches Verfahren verspricht
nur dann Erkenntnisgewinn, wenn es auf einer gründlichen Kenntnis jener
Selbstdeutungen beruht, wie sie in jugendkulturellen Szenen und Gruppierungen erzeugt werden, und sich auf ein theoretisch reflektiertes Begriffsin-
strumentarium stützen kann, das gesamtgesellschaftliche Zusammenhänge

---

23 Walter Hornstein, Strukturwandel der Jugendphase in der Bundesrepublik Deutschland.
   Kritik eines Konzepts und weiterführende Perspektiven, in: Wilfried Ferchhoff, Thomas Olk
   (Hg.), Jugend im internationalen Vergleich. Sozialhistorische und sozialkulturelle Perspekti-
   ven, Weinheim und München 1988, S. 70–92, hier S. 85, S. 87.

24 Dieter Baacke, Wilfried Ferchhoff, Jugend und Kultur, in: Handbuch der Jugendforschung,
   herausgegeben von Heinz-Hermann Krüger, 2. Auflage, Opladen 1993, S. 403–445, hier
   S. 435.

25 Dieter Baacke, Jugend und Jugendkulturen, S. 5.

26 Ebd., S. 40.

hinreichend genau zu erfassen erlaubt. Beide Voraussetzungen erfüllen Baackes Überlegungen zu den »neuen Unübersichtlichkeiten der Jugendkulturen«
nicht: Sie lassen weder eine hinreichende Vertrautheit mit den behandelten
jugendkulturellen Phänomenen noch den Bezug auf einen gesellschaftsthe-
oretischen Argumentationszusammenhang erkennen. Entsprechend beliebig
und wenig plausibel fällt die Zuordnung neuerer jugendkultureller Strömungen zu der von Baacke favorisierten Einteilung der Jugendkulturen seit den
fünfziger Jahren in Freizeit-, Protest- und Action-Kulturen aus.

Jugendforscher neigen zu einer Überbetonung der Unterschiede zwischen
Jugendlichen und Erwachsenen hinsichtlich ihrer Lebensverhältnisse und ihrer
Einstellung zu grundlegenden Institutionen und Strukturen der Gesellschaft.
Man interessiert sich für die Jugendlichen vornehmlich als Konsumenten und
Rezipienten, kurz dafür, wie sie sich mit Gegenständen, Zumutungen und
Zwängen arrangieren, im üblichen Medien- und Soziologenjargon heißt es
natürlich, wie sie mit den ihnen zur Verfügung stehenden Lebensmöglich-
keiten »umgehen«. Bestes Beispiel dafür sind natürlich die Shell-Studien, die
bei ihrer öffentlichen Präsentation stets auf große mediale Aufmerksamkeit
rechnen können. Im aktuellen Band aus dem Jahre 2006 wird die Jugend
als »pragmatische Generation unter Druck« gekennzeichnet, wobei Druck
vor allem die ökonomischen Zwänge meint, mit denen Jugendliche je nach
sozialer Herkunft und Bildungsstand sehr unterschiedliche zurechtkommen
und entsprechend deutlich divergierende Zukunftsperspektiven zu Protokoll
geben.[27] Die unter Federführung von K. Hurrelmann entstandene Studie basiert auf dessen sozialisationstheoretischen Ansatz, der auf die »>produktive‹
Auseinandersetzung mit den äußeren, sozialen und physischen Umweltbedin-
gungen und zugleich den inneren, psychischen und körperlichen Vorgaben«
abhebt[28] und dem normativen Konzept der Entwicklungsaufgaben verhaftet
ist, die der Jugendliche im Laufe seiner Lebenszeit möglichst erfolgreich zu
bewältigen habe, wobei ihm »alle rechtlichen, ökonomischen, kulturellen
und sozialen Ressourcen«[29] zur Verfügung zu stellen sind, um den gewünsch-
ten Ausgang der Entwicklung des Heranwachsenden erreichen zu können. So
klingt also an, dass die Situation vieler Jugendlicher zu wünschen übrig lässt.

27 Shell Deutschland Holding (Hg.), Jugend 2006. Eine pragmatische Generation unter Druck,
   Konzeption und Koordination: Klaus Hurrelmann, Matthias Albert & TNS Infratest Sozialforschung, Hamburg, Frankfurt am Main 2006.
28 Klaus Hurrelmann, Lebensphase Jugend. Eine Einführung in die sozialwissenschaftliche Jugendforschung, 7., vollständig überarbeitete Auflage, Weinheim, München 2004, S. 7.
29 Ebd., S. 236.

Allzu viel dürfen sie aber von Staat und Gesellschaft nicht verlangen, da die
»Bewältigungskompetenz Jugendlicher von ihrer flexiblen und geschickten
Nutzung der personalen und sozialen Ressourcen ab[hängt].«[30] Es werden
dann auch »›abhärtende‹ Erfahrungen« als segensreich apostrophiert und die
»Kunst, mit den notwendigerweise begrenzten Ressourcen das Beste zu machen und die eigene Persönlichkeit auf diese Weise gut zu ›managen‹«[31] als
alles entscheidende Fähigkeit, sich in der der gegenwärtigen Gesellschaft zu
behaupten, gesehen. Entsprechend präsentieren sich die Anforderungen an
das jugendliche Individuum, die der Autor vorträgt, als vernünftige Anpassung an das Unausweichliche. Die Idee, dass es ein zentrales Spezifikum kapitalistischen Wirtschaftens ist, breiten Bevölkerungsgruppen und damit auch
großen Teilen der Jugend den gesellschaftlichen Reichtum vorzuenthalten,
kommt Hurrelmann nicht. Die politisch-ökonomische Verfassung von Staat
und Gesellschaft, dass der Staat als Garant einer klassengesellschaftlichen
Ordnung auftritt, bleibt unberücksichtigt. Eine Reflexion auf die Funktion
der pädagogischen Institutionen in diesem System, als deren Verlängerung
die Jugendforschung ja zu begreifen ist, ist nicht auszumachen.

Auch Bourdieus radikale Kultursoziologie wird in der Jugendforschung
nur unzureichend rezipiert. So machen sich Krüger und Thole gleich Sorgen
darum, dass Bourdieus Sozialtheorie zu statisch sei, mangels einer »Subjekt-
theorie« subjektiven Abweichungen von klassenspezifischen Vorgaben, die
Autoren sprechen von »Erosionsprozesse[n] kultureller Identitäten«, zu wenig
Raum gebe.[32]

Zwar etwas zaghaft, aber durchaus mit deutlicher Spitze gegen die vor-
schnelle Preisgabe materialistischer Einsichten von Schelsky (nivellierte Mit-
telstandsgesellschaft) bis Beck (Vollkasko-Individualisierung) rät Bernhard
Schäfers hingegen zu einem Festhalten an »Grundeinsichten der Gesell-
schaftstheorie des historischen Materialismus gegen zweifellos vorhandene
Einseitigkeiten der ›bürgerlichen‹ Jugendforschung«, um dann u. a. folgende
Forschungsfragen mit Blick auf die bundesrepublikanische Gesellschaft zu
formulieren: »Wie stark werden Einstellungen und Verhaltensweisen Jugendlicher [...] von bestimmten Prinzipien der bürgerlich-kapitalistischen Gesell-
schaftsordnung: vom Waren- und Tauschcharakter der sozialen Beziehun-

---

30 Ebd., S. 192.
31 Ebd., S. 193.
32 Heinz-Hermann Krüger, Werner Thole, Jugend, Freizeit und Medien, in: Handbuch der
   Jugendforschung, herausgegeben von Heinz-Hermann Krüger, 2. Auflage, Opladen 1992,
   S. 447–472.

gen, von Konsum, Leistung und Eigentum [geprägt]?« »Wie bestimmt die
schicht- und milieuspezifische Zugehörigkeit der einzelnen Jugendlichen mit
ihrer immer noch hohen ›Vererbungswahrscheinlichkeit‹ den Verlauf seiner
Jugendphase?«[33] Es gilt also immer noch, Jugend- und Popkultur im Kontext
einer Analyse klassengesellschaftlicher Mechanismen, die sich im politischen,
ökonomischen und kulturellen Feld manifestieren, zu betrachten.

Das von der kritischen Theorie mit rhetorischer Artifizialität vorgetragene
Verdikt gegen die Kulturindustrie hat man in großen Teilen der Jugendforschung nicht durch eine Theorie der populären Kultur ersetzt. In der Parteinahme für anspruchsvolle Rockmusik, die sich seit den sechziger Jahren
als eigenständiges Segment innerhalb der populären Musik etabliert, weste
vielmehr der alte bildungsbürgerlich-akademische und speziell pädagogische
Vorbehalt gegen das nur Populäre, gegen das Oberflächliche, gegen Schund
und Kitsch fort. Dass es auch anders geht, zeigt sich in der Beschäftigung mit
den anglo-amerikanischen Cultural Studies.

Dort widmet man sich den vielfältigen Strömungen der Jugend- und Popkultur auf eine Weise, die sich unbefangen, mitunter auch enthusiastisch ihrem Gegenstand nähert. Die besondere Attraktivität der Arbeiten aus diesem
Feld resultiert nicht zuletzt daraus, dass viele Vertreter der Cultural Studies
die Auseinandersetzung mit Phänomenen der Popkultur nicht als einen Gegenstand unter anderen betrachten, sondern ihm einen hohen politischen
Stellenwert einräumen.[34] Vor allem eine mächtige Cultural Studies-Strömung
in den USA seit ca. Mitte der achtziger Jahre steckt ihren ganzen Ehrgeiz in
das Unternehmen, die politische Relevanz der populären Kultur zu akzentu-
ieren. Entsprechend lauten dann auch die Aufsatz- und Buchpublikationen:
»the politics of writing, reading, pleasure, visual communication, knowledge
production« und natürlich »of popular culture« selbst.

Dass es sich dabei vielfach um eine bloße Beschwörung handelt, die dem
eigenen akademischen Unternehmen besondere Aufmerksamkeit verschaffen

---

33 Bernhard Schäfers, Soziologie des Jugendalters. Eine Einführung, 5. Auflage, Opladen 1994,
   S. 40 f.; 7. Auflage, Opladen 2001, S. 36. In der neuesten Auflage des Buches aus dem Jahre
   2005, die B. Schäfers und A. Scherr gemeinsam als Autoren ausweist, ist dieser Passus nicht
   mehr zu finden. Ersetzt wird er durch das Kapitel 1.4 »Ungleichheitstheoretische und neo-
   marxistische Ansätze«.

34 Die britischen Cultural Studies der siebziger Jahre sind stark durch Rekurs auf den strukturalen Marxismus Althussers geprägt. Zentrale Bedeutung kommt dabei der Denkfigur zu, dass
   klassenspezifisch geprägte Subkulturen nur zu einer magischen Lösung der Widersprüche
   ihrer jeweiligen Stammkulturen fähig seien; zur Kritik dieser Konzeption vgl. Vf., Cultural
   Studies und Pop, S. 58 f.

soll,[35] zeigt sich besonders in der deutschen Rezeption der Cultural Studies seit den späten neunziger Jahren,[36] die sicherlich auch vom Unbehagen an der hier üblichen jugendsoziologischen Theoriebildung zehrte. Auch wenn es hier nicht darum gehen kann, die verzweigte und wechselhafte Geschichte der verspäteten Rezeption der anglo-amerikanischen Cultural Studies in Deutschland nachzuzeichnen, so bleibt doch festzuhalten, dass es auch im Feld der Jugendforschung seit den frühen achtziger Jahren ernsthafte Bemühungen gibt, die Forschungen aus dem Birminghamer Center for Contemporary Cultural Studies (CCCS) für die Erforschung von Jugendkulturen in der Bundesrepublik fruchtbar zu machen.[37] Zu erwähnen ist dabei besonders

35 Vgl. dazu meine kritischen Bemerkungen im Hinblick auf geschmackssoziologische, politische und ökonomische Defizite in den neueren anglo-amerikanischen Cultural Studies (Cultural Studies und Pop, S. 131–136, S. 142).

36 Die frühe bundesdeutsche Rezeption der britischen Cultural Studies, die sich vor allem auf Arbeiten des CCCS (Center for Contemporary Cultural Studies) in Birmingham aus den siebziger Jahren bezog, hat vor allem Rolf Lindner vorangetrieben. Vgl. Rolf Lindner (Hg.), Punk Rock, Frankfurt am Main 1978; Rolf Lindner, Jugendkultur und Subkultur als soziologische Konzepte, in: Soziologie der jugendlichen Subkulturen, herausgegeben von Mike Brake, Frankfurt am Main 1981, S. 172–193; Rolf Lindner, Apropos Stil. Einige Anmerkungen zu einem Trend und seinen Folgen, in: Verborgen im Licht. Neues zur Jugendfrage, herausgegeben von dems. und H.-H. Wiebe, Frankfurt 1985, S. 206–218. Er zählte auch zu dem Herausgeberkreis des wirkungsmächtigen Bandes Jugendkultur als Widerstand. Milieus, Rituale, Provokationen, herausgegeben von John Clarke, Paul Cohen u. a., Frankfurt am Main 1979. Schon früh hat er die britische »Kontroverse über Ursprung und sozialen Hintergrund des Punk Rock« dokumentiert (Rolf Lindner, Punk Rock, S. 25–39). Noch heute ist eine differenzierte Sicht auf Punk, die nicht gleich auf seine soziologische Ableitung als Ausdruck pauperisierter Unterschichtjugendlicher rekurriert, keinesfalls jugendforscherischer Standard. Zuletzt hat Rolf Lindner, Die Stunde der Cultural Studies, Wien 2000, historische Ursprünge der Cultural Studies vergegenwärtigt und wesentliche Charakteristika der aktuellen Konjunktur des Forschungsfeldes zu skizzieren versucht.

37 Nach Dieter Baacke, Albert Scherr, Diskussion: Neue kulturelle Gemengelagen und Jugendforschung, in: Sozialwissenschaftliche Literatur Rundschau 24 (1992), S. 23–32, hier S. 29 und S. 32, liege den Arbeiten aus dem CCCS »ein genuin *kulturtheoretischer* [kursiv im Original, R. H.] Ansatz« zu Grunde, »wie er hierzulande viel später und in anderen Varianten in den Shell-Jugendstudien, von Thomas Ziehe, Jürgen Zinnecker und auch mir im Raum der Jugendforschung entwickelt wurde.« – Baacke weiter: »Die Stärke des Ansatzes besteht ohne Zweifel darin, dass Arbeit, Kultur und Produktion und Reproduktion nicht als voneinander getrennt gesehen werden, sondern als ein komplexes Bedingungsverhältnis mit der speziellen tragikomischen Note, dass gesellschaftlicher Wandel zwar denkbar ist, gesellschaftliche Revolutionen von jener Klasse versäumt werden, die für sie zuständig wäre.« Aus der problematischen Verknüpfung von Kultur- und Klassentheorie in den Arbeiten aus dem CCCS zieht Baacke den Schluss, dass radikale Kritik des Kapitalismus in utopischer Perspektive ad acta zu legen sei. Vielmehr »[müssen] wir die Utopie in die gegenwärtigen Verhältnisse

Jürgen Zinnecker, der sich in der Shell-Studie aus dem Jahre 1981 darum bemühte, detailliert die symbolischen Bezüge jugendkultureller Stile zu entfalten.[38] Später unternahm er den Versuch, Bourdieus scharfsinnige Darlegung
des engen Zusammenhangs zwischen sozialer Ungleichheit und kultureller
Differenz für die Analyse jugendkultureller Phänomene nutzbar zu machen.[39]
Albert Scherr ist allerdings auch mit Blick auf die gegenwärtige Situation
vollkommen zuzustimmen, wenn er konstatiert, »dass gegenstandsbezogene
Analysen, die den theoretischen Standards des CCCS gerecht werden, in der
bundesdeutschen Jugendforschung kaum verfügbar sind [...].«[40]
    In der erwähnten neueren Cultural Studies-Rezeption hierzulande ist jene
Rhetorik des Politischen, wie sie in der anglo-amerikanischen akademischen
Szenerie gepflegt wird, auch anzutreffen. So heißt ein von den jüngeren Cul-
tural Studies-Vertretern Udo Göttlich und Rainer Winter herausgegebener
Band zur Diskussion der populären Kultur in den Cultural Studies: »Politik

---

hineinholen, damit sie ihren Platz hat.« Gedacht sei an eine »freie Marktwirtschaft unter der
Kontrolle allgemein geteilter Limitierungen«. Zum neuen Hoffnungsträger avanciert losge-
löst von einer Bezugnahme auf polit-ökonomische Zusammenhänge die junge Generation:
»Viele Jugendliche denken da längst anders, machen andere Erfahrungen, die ich pointiert in
dem Postulat zusammenfassen könnte: Der ›gesellschaftliche Fortschritt‹ wird durch soziokulturelle Dynamisierung und Kreativität sozial und damit auch ökologisch verantwortbar.«

38 Jugendwerk der Deutschen Shell (Hg.), Jugend '81: Lebensentwürfe, Alltagskulturen, Zu-
    kunftsbilder, 2 Bde., Opladen 1982.

39 Jürgen Zinnecker, Jugend im Raum gesellschaftlicher Klassen. Neue Überlegungen zu einem
    alten Thema, in: Interdisziplinäre Jugendforschung. Fragestellungen, Problemlagen, Neu-
    orientierungen, herausgegeben von Wilhelm Heitmeyer, Weinheim und München 1986,
    S. 99–132.

40 Dieter Baacke, Albert Scherr, Diskussion: Neue kulturelle Gemengelagen und Jugendfor-
    schung, 24. Mit Wendung gegen Baackes sozialökologischen Ansatz schreibt Scherr, S. 26:
    »Dort [im Mainstream der bundesdeutschen Jugendforschung, R. H.] wird – zugespitzt for-
    muliert – an einer sozialökologischen bzw. milieu-theoretischen Verfeinerung einflusstheo-
    retischer Positionen gearbeitet, nicht an der notwendigen Kritik solcher letztendlich deter-
    ministischer Sozialtheorien.« – In der Studie Albert Scherr, Soziale Identitäten Jugendlicher.
    Politische und berufsbiographische Orientierungen von Auszubildenden und Studenten,
    Opladen 1995, hat Scherr selbst den Versuch unternommen, dem aufgezeigten Defizit ent-
    gegenzuwirken. Allerdings wollen die dort vorgenommenen »Deutungsversuche des empiri-
    schen Materials« nicht den falschen Eindruck erwecken, »dass eine klassentheoretisch fun-
    dierte Jugendforschung in der Tradition des CCCS den Königsweg sozialwissenschaftlicher
    Jugendforschung darstellt.« Doch es gelte gegen den Mainstream »der neueren deutschspra-
    chigen Jugendforschung« und unter kritischem Rekurs auf die Forschungen aus dem Umfeld
    des CCCS daran festzuhalten, »Prozesse der alltäglichen Konstruktion und Reproduktion
    sozialer Ungleichheit« mit geeigneten theoretischen Werkzeugen und empirischen Untersu-
    chungen zu erfassen (S. 193).

des Vergnügens«.[41] Doch von einer Tendenz zu einer ähnlichen Politisierung des akademischen Diskurses, wie sie in den USA anzutreffen ist, kann bislang hierzulande keine Rede sein. In seiner Kritik an den hiesigen Cultural Studies verweist Mark Terkessidis zu Recht darauf, dass man in den materialen Arbeiten zur populären Kultur die in den anglo-amerikanischen Ländern verbreitete Kombination aus politischem Engagement, Fan-Interesse am Gegenstand und anspruchsvoller theoretischer Durchdringung schmerzhaft vermisse.[42] So hätten sich die Cultural Studies in ihren Anfängen »in einem außerakademischen und politisch aufgeladenen Bereich entwickelt«, denn »die frühen britischen Vertreter waren ja nicht etwa an der Universität, sondern in der Erwachsenenbildung tätig, und standen inmitten der Kämpfe der Linken in jenen Tagen.«[43] Davon kann mit Blick auf die bundesdeutschen Cultural Studies keine Rede sein. Auch die in den anglo-amerikanischen Ländern übliche »Thematisierung der Sprecherposition«, in der die akademisch Gelehrten Aussagen über ihre »Ethnizität, Geschlecht, Klasse und sexuelle Orientierung« machen, um den falschen Schein von Objektivität ihres Tuns aufzulösen, hat sich hierzulande nicht etabliert. Sprängen jedoch die Forscher einmal über ihren objektivistischen Schatten, würde sich, so Terkessidis' Vermutung, deren »atemberaubende Homogenität« offenbaren,[44] nämlich dass man es mit männlichen, mittelständischen und heterosexuellen Personen zu tun habe. Wenig überraschend identifizieren sich die so situierten Forscher mit der Institution Wissenschaft, deren machtgestützter Anspruch auf Allgemeingültigkeit nicht durch Rekurs auf das potenziell widerstrebende »Wissen der Leute« (Foucault) gebrochen wird. So ist dann auch bei den Forschern in ihrer Beschäftigung mit Ausprägungen populärer Kultur »eine Menge Distanz zu ihrem Forschungsbereich« erkennbar.[45] Seine Kritik verdeutlicht Terkessidis an einer Studie von Roland Eckert et al., die bereits in der Einleitung zu erkennen gibt, dass sie auf eine Produktion von Wissen abzielt, das von staatlichen Institutionen, die sich mit problematischen Jugendgruppen befassen, genutzt

41 Udo Göttlich, Rainer Winter (Hg.), Politik des Vergnügens. Zur Diskussion der Populärkultur in den Cultural Studies, Köln 2000.

42 Mark Terkessidis, Distanzierte Forscher und selbstreflexive Gegenstände. Zur Kritik der Cultural Studies in Deutschland, in: Christoph Jacke, Eva Kimminich, Siegfried J. Schmidt (Hg.), Kulturschutt. Über das Recycling von Theorien und Kulturen, Bielefeld 2006, S. 148–164.

43 http://www.isvc.org/downloads/isvc_Terkessidis_CulturalStudies.pdf, S. 3.

44 Ebd., S. 5.

45 Ebd., S. 8.

werden kann: »Auch Kampf und Gewalt sollten freilich nicht auf diese Funktion [als Instrument zur Befestigung von kulturellen und sozialen Grenzen, R. H.] reduziert werden: Sie können auch an sich als stimulierend erlebt und damit zum Selbstzweck werden. Welche Bedeutung sie in einem sozialen Zusammenhang haben – ist nur empirisch zu ermitteln. Von dieser Bedeutung hängen aber die Interventionschancen von Erziehung, Sozialarbeit, Polizei und Justiz und schließlich der Arbeitsmarktpolitik ab: was in einem Fall erfolgversprechend erscheint, könnte in einem anderen Fall wirkungslos bleiben oder schaden.«[46] Das methodische Pendant zu dieser Zielsetzung sind Vorkehrungen, die einen »naive[n] Distanzverlust« zwischen »Forscher« und »Beforschten« verhindern sollen. Dem hält Terkessidis vehement »fehlende Selbstreflexivität« der Forscher entgegen: »Offenbar gibt es nur zwei Alternativen: Der Forscher verschmilzt mit seinem Gegenstand oder er bleibt seinem Gegenstand ›fremd‹. Dass der Forscher selbst eine Perspektive besitzt; dass er gerade dann, wenn er als Erwachsener einen Blick auf Jugendliche wirft, das ›Objekt‹ seiner Forschung permanent mitkonstruiert; dass die Jugendlichen gegenüber dem Blick des Erwachsenen ein bestimmtes Verhalten an den Tag legen könnten, um diesen Blick zu bedienen oder diesem Blick vielmehr zu entgehen, all diese Probleme kommen den erwähnten Forschern nicht einmal in den Sinn. Die Position des Forschers und die Position des ›Beforschten‹ werden nicht einmal ansatzweise in Frage gestellt. Diese ›naive Distanz‹ hat aber mit dem Ansatz der Cultural Studies nicht das Geringste zu tun.«[47]

Wie oben bereits erwähnt worden ist, ist hierzulande die Betrachtung von Jugend- und Popkultur bis vor kurzem im Banne des »Kulturindustrie«-Theorems von Horkheimer und Adorno geblieben. Genau an diesem Punkt setzt nun die neuere hiesige Cultural Studies-Rezeption an. In ihrer Sicht werde so ein allzu schematisches Bild der Produktion und vor allem der Rezeption populärer Kultur gezeichnet. Unter Rekurs auf vorgeblich empirisch nachweisbare widerständige Rezeptionspraktiken im Umgang mit populärer Kultur und mit Bezugnahme auf theoretische Gewährsleute wie Fiske, de Certeau und Foucault geriert sie sich in programmatischen Texten z. T. dezidiert politisch, was sich allerdings weder in den durchgeführten materialen Analysen noch in der öffentlichen Wirkung niederschlägt. Man hat den Eindruck, wobei es in diesem Punkt durchaus Ähnlichkeiten zwischen den

46 Roland Eckert, Christa Reis, Thomas A. Wetzstein, »Ich will halt anders sein wie die anderen«. Abgrenzung, Gewalt und Kreativität bei Gruppen Jugendlicher, Opladen 2000, S. 14.
47 Ebd., S. 11, S. 9.

Verhältnissen in den USA und hierzulande zu geben scheint, dass das betonte Ausflaggen eines politischen Anliegens der jeweiligen akademischen Arbeit vor allem der Profilierung auf dem höchst kompetitiven akademischen Markt dient. So schreiben Karl H. Hörning und Rainer Winter in der Einleitung zu dem Suhrkamp-Band »Widerspenstige Kulturen«: Cultural Studies »arbeiten das Potential für kulturelle Konflikte heraus, analysieren das Verhältnis von Macht und Widerstand und beschäftigen sich mit den vielfältigen widerspenstigen und kreativen Praktiken der Gegenwart.«[48] Später heißt es dort: Cultural Studies können »die kritische Theorie der Gesellschaft neu beleben, weil sie Kultur nicht nur als Ausdruck von Herrschaftsverhältnissen bzw. als Medium von Integration, sondern als alltäglichen, produktiven, widerständigen und umkämpften Prozess in den Blick nehmen.«[49] Auch in Andreas Hepps Einführungsband »Cultural Studies und Medienanalyse« wird der politische Charakter der Cultural Studies beschworen. Allerdings unter Verzicht auf die ansonsten hochgeschätzte Rhetorik der Widerständigkeit, stattdessen wird dort in staatstragendem Gestus von ihrem »*interventionistischen Charakter*« [im Original fett, R. H.] geredet, der ein Wissen hervorbringen soll, »das Hinweise darauf gibt, wie sich gegenwärtige soziokulturelle Probleme und Konflikte lösen lassen.«[50]

Wenig Raum hat im Verständnis hiesiger Cultural Studies-Vertreter offenkundig eine kultursoziologische Betrachtung der Gegenwart, die weiter auf institutionell und ökonomisch zementierte kulturelle Hierarchien und Schranken des Zugangs zur kulturellen Artikulation verweist, die den Unterschied zwischen einer staatlich geförderten Kultur (legitime Kultur) und einer den Marktmechanismen überlassenen Kultur (populäre Kultur) herausstellt, in der die Möglichkeit zur Artikulation im öffentlichen Raum Prinzipien der Vermarktbarkeit von Personen, Meinungen, Klängen etc. gehorcht. Aus der Sicht der bundesdeutschen Adepten der Cultural Studies scheint jedoch alles im kulturellen Raum als umkämpft, könnte also schon bald ganz anders sein.

---

48 Karl H. Hörning, Rainer Winter, Vorwort, in: Dies. (Hg.), Widerspenstige Kulturen. Cultural Studies als Herausforderung, Frankfurt am Main 1999, S. 7–12, hier S. 8.

49 Ebd., S. 11. – Weitere Belege für den formelhaften Rekurs auf widerständige Momente in der Jugend- und Popkultur lassen sich z. B. in dem von der Arbeitsgruppe SPoKK herausgegebenen Band Kursbuch JugendKultur. Stile, Szenen und Identitäten vor der Jahrtausendwende, Mannheim 1997, finden: dort verweist man in der Einleitung darauf, dass auch Nutzung elektronischer Medien wie Computer und Internet »kreative und subversive Aneignungsformen erkennen« lasse (S. 12).

50 Andreas Hepp, Cultural Studies und Medienanalyse. Eine Einführung, Opladen und Wiesbaden 1999, S. 18.

Kein Wort davon, dass es politischer Anstrengungen bedürfte, um grundlegende Veränderungen im kulturellen Raum herbeizuführen.

Eine Antwort auf die Frage, welche spürbaren Effekte im politisch-gesellschaftlichen Leben die viel beschworenen subversiven Praktiken tatsächlich hervorrufen, wird man in den Publikationen der Parteigänger bundesdeutscher Cultural Studies vergebens suchen. Wichtig scheint die Aufwertung der Bedeutsamkeit des eigenen Forschungsgegenstandes dadurch, dass man ihm einen politischen Charakter zuschreibt. Zu einer realistischen Einschätzung des politischen Stellenwerts kultureller Bestrebungen (in ihren legitimen und populären Spielarten) konnten sich Intellektuelle als Experten für kulturelle Angelegenheiten seit den Avantgardebewegungen des frühen 20. Jahrhunderts, vor allem aber seit »68« nur höchst selten aufraffen. Viel zu attraktiv ist der Versuch, für das eigene Feld politische Relevanz zu reklamieren und zur Rechtfertigung des eigenen Tuns öffentlich wirksam zu verbreiten. Dem steht das mühselige, wenig glamouröse und unter Umständen politisch anstößige Geschäft gegenüber, sich an eine kritische Analyse der gegenwärtigen politischen und ökonomischen Verhältnisse zu machen, die kaum auf feuilletonistische Aufmerksamkeit rechnen kann.

Die bisherigen Ausführungen dürften deutlich gemacht haben, dass es nicht besonders gut um eine Beschäftigung mit Jugend- und Popkultur in einem Großteil der hiesigen Jugendforschung sowie in den neueren Versuchen einer bundesdeutschen Adaption der vornehmlich anglo-amerikanisch geprägten Cultural Studies bestellt ist. Sinnvoll erscheint, dass Jugendforschung im Feld der Jugend- und Popkultur zunächst einmal zu einer von kultureller Distinktion befreiten, nicht in defensiver Haltung verharrenden Sicht auf populäre Kultur gelangt. Dazu bedarf es keiner Aufwertung dieses kulturellen Feldes durch den schwammig bleibenden Verweis auf seinen höchst politischen Charakter. Es wäre schon viel gewonnen, wenn sich die Jugendforschung endlich zu jenem Grad der Aufmerksamkeit für Jugend- und Popkultur entschließen könnte, der in vielen anglo-amerikanischen Cultural Studies-Arbeiten schon seit Längerem üblich ist. Auf dieser Basis ließe sich dann ein hinreichend komplexes Bild der Lebensbedingungen von Jugendlichen zeichnen. In ihm haben sowohl die jugend- und popkulturell inspirierten, meist auf die Freizeit beschränkten Lebensformen, Meinungen und Haltungen der Jugendlichen als auch die jugendspezifischen, sozio-kulturell differenten Lebensverhältnisse und die grundlegenden politischen und ökonomischen Rahmenbedingungen der Vergesellschaftung ihren Platz. So entgeht man gleichermaßen einer kulturalistischen Verzerrung der lebenspraktischen Gestaltungsmöglichkeiten

Jugendlicher und einer ökonomistischen Ignoranz gegenüber sozio-kulturell differenten Handlungsspielräumen, die sich Jugendliche für ihre Zwecke, Interessen und Vorlieben zu Nutze machen können.

Für eine kritische Jugendforschung in diesem Sinne gilt: Sie hat die Spannung auszuhalten zwischen einer Sichtweise, die sich konsequent auf das Selbstverständnis und die Selbstdeutung einlässt, wie sie sich in jugend- und subkulturellen Äußerungen, Diskursen und Praktiken manifestieren, und einer theoretischen Perspektive, die sich grundlegende Mechanismen, wie sich Klassengesellschaften politisch, ökonomisch und kulturell reproduzieren, klarzumachen versucht. Damit vermeidet man die Naivität jener Cultural Studies-Vertreter, die ihren ganzen Ehrgeiz darauf verwenden, dem schlichten Sich-Arrangieren mit sozio-kulturell und ökonomisch aufgenötigten Zwängen die höheren Weihen der Selbstermächtigung zu verleihen. Aber auch das Bild von den gegenwärtigen gesellschaftlichen Verhältnissen, in denen es nur noch darum gehe, je individuell die nötige Erlebnisrationalität zu entwickeln, um aus dem vielfältigen Angebot an Produkten, Ereignissen und Veranstaltungen maximalen Genuss zu schöpfen, wird so entschieden zurückgewiesen.[51] Weder scheint es sinnvoll, das kulturelle Terrain als Kampfplatz zu imaginieren, in dem stets aufs Neue über gesellschaftliche Kräfteverhältnisse entschieden wird, noch das kulturelle Neben- und Gegeneinander der sozialen Gruppen als harmloses Spiel darzustellen, das keinen wie auch immer vermittelten Bezug zu gesellschaftlichen und politischen Strukturen und Konflikten aufweise.

---

51 Exemplarisch findet sich diese Einschätzung bei Gerhard Schulze, Die Erlebnisgesellschaft. Kultursoziologie der Gegenwart, Frankfurt am Main 1992. Für eine grundsätzliche Kritik an dessen wirkungsmächtiger Theorie der Erlebnisgesellschaft vgl. Vf., Cultural Studies und Pop, S. 42–47.

Schluss

Meine abschließenden Überlegungen konzentrieren sich auf zwei thematische Schwerpunkte. Zunächst möchte ich mich dem aktuellen kulturellen und politischen Stellenwert der oben eingehend behandelten Popdiskurse widmen (1). Anschließend werde ich mich den Konjunkturen der in der hiesigen avancierten Pop-Kritik artikulierten Hoffnung widmen, dass von spezifischen Ausprägungen der Popmusik – sowohl in ihrer mehr oder wenig Freiheitsspielräume gewährenden Produktion als auch in ihrer jugend- und subkulturellen Aneignung – emanzipatorische politische Effekte ausgehen können (2).

(1) Der Schwierigkeit, die tatsächliche Wirksamkeit der Diskurse über Pop-Phänomene zu erfassen, ist wahrscheinlich am ehesten dadurch zu entgehen, indem man sich die unterschiedliche institutionelle Verfestigung der jeweiligen Diskurse und ihr Gewicht in der massenmedialen Öffentlichkeit vergegenwärtigt. Betrachtet man sie unter diesen Aspekten, dann lässt sich leicht erkennen, dass sich die Meinungsbildung über die ästhetische Qualität von Coverversionen wie überhaupt die Thematisierung von Popmusik in Internetforen durch einen hochgradig informellen Charakter auszeichnet, dabei eine mittlere Stellung zwischen mündlicher privater Kommunikation zwischen Bekannten und Freunden und journalistischem Schreiben einnimmt. Abhängig von den intellektuellen und rhetorischen Qualitäten der jeweiligen Forumsteilnehmer changieren die Beiträge, wenig elaborierte Beiträge stehen neben Wortmeldungen, die sich anheischig machen können, auf Augenhöhe mit journalistischen Texten zu stehen. Anders als in ausgefeilten musikjournalistischen Texten wird oftmals ohne Umschweife der alltägliche Gebrauchswert eines Musiktitels für sich und andere taxiert, bei der Betrachtung von älteren Musikvideos der Kontext der damaligen Rezeptionssituation rekapituliert oder einfach nur der Begeisterung oder Abneigung mit jugendsprachlichem Vokabular Ausdruck verliehen. Festzuhalten bleibt, dass das Medium Internet dafür gesorgt hat, die für die konventionellen Massenmedien typische Asymmetrie zwischen Sender und Empfänger aufzuweichen. Zwar bildet sich z. B. in den Statements von Usern auf den Seiten von YouTube, Amazon, i-tunes oder emusic meist kein dichter Diskussionszusammenhang, dennoch sind die Rezipienten von Musik oder Büchern in ihrer Position gegenüber der Werbung für solche Produkte oder gegenüber ihrer professio-

nellen kritischen Betrachtung im Feuilleton nicht mehr einzig auf die wenig
attraktive Möglichkeit, ihrem Anliegen mit Hilfe eines Leserbriefes Gehör zu
verschaffen, angewiesen.

Auf zweifellos hohe Medienwirksamkeit kann der Diskurs über die Geschichte der Popmusik und ihrer jeweiligen politisch-gesellschaftlichen Relevanz in bestimmten historischen Situationen rechnen. So betreiben vor allem
die zu Gedenkjahren und anderen Anlässen gesendeten Fernsehbeiträge zu
bestimmten Phasen, Stilen und Protagonisten der Popmusik meinungsbil-
dende Geschichtspolitik. Zuletzt wurde das wieder deutlich, als es zum 40jäh-
rigen Jubiläum des »Summer of Love« 1967 entsprechende Sendungen im
Fernsehsender arte gab. Das Aushängeschild des Qualitätsfernsehens kommt
auch nicht über die Reproduktion von Klischees hinaus: Neue Impulse in
der Popkultur der späten 60er Jahre werden hyperbolisch als Revolution stilisiert. Die historische Grundeinsicht, dass sich wichtige Veränderungen im
Bewusstsein und Verhalten der Menschen nur über einen längeren Zeitraum
ergeben, wird völlig ignoriert. Die von den Hippies propagierte Bewusstseins-
erweiterung wird immer wieder als großartige Idee gefeiert, auch wenn dann
verantwortungsbewusst eingeräumt wird, dass wichtige musikalische Protagonisten an ihren Drogenexzessen starben. Ein Zusammenhang zwischen dem
Experimentieren mit Drogen, der Abwendung von bürgerlichen Sexualitäts-
normen auf der einen und dem politischen Protest gegen den Vietnam-Krieg,
gegen das Establishment, gegen Kapitalismus und Imperialismus auf der an-
derern Seite wird in der medialen Darstellung stets suggeriert, aber nur selten
sinnfällig entfaltet.

Die sicherlich stärkste Resonanz im öffentlichen Raum findet der jugendsoziologische Diskurs, der es bei verschiedenen Gelegenheiten immer wieder
schafft, hohe mediale Aufmerksamkeit zu erreichen: z. B. mit der Veröffentlichung der jeweils neuesten Shell-Studie, mit Statements von Fachkräften der
hiesigen Jugendforschung nach Krawallen oder nach spektakulären krimi-
nellen Akten, an denen Jugendliche maßgeblich beteiligt waren (Amokläufe
an Schulen). Musikrichtungen, Szenen, Subkulturen und Freizeitbeschäfti-
gungen (Computerspiele) werden daraufhin gemustert, ob sie eine sittliche
Gefährdung für die Jugend darstellen.

Wer zugleich substanzielle Erkenntnisse über das Funktionieren populärer
Kultur gewinnen will und dabei deren gegen gesellschaftliche und politische
Zwänge und Zumutungen gerichtetes widerständiges Moment stark zu machen versucht, versuchte einst in jenem Diskurs, der sich genau diesem Ziel
verschrieben hat, nämlich in dem der Cultural Studies, Anknüpfungspunkte

zu finden. Der zähe Import der amerikanischen und britischen Cultural Studies in die BRD ließ schon erahnen, dass es den hiesigen Universitäten und Hochschulen an den politischen und kulturellen Voraussetzungen fehlte, eine post-poststrukturalistische, kapitalismuskritische, den geschädigten Interessen breiter Bevölkerungsgruppen verpflichtete Ausrichtung der Cultural Studies zu etablieren, wie sie Richard Johnson in seinem Aufsatz »What is Cultural Studies anyway« skizziert. So fanden dann auch nur vereinzelt an den Cultural Studies orientierte Wissenschaftler in Fachbereichen wie der Soziologie, den Medien-, Kommunikations- und Film- und Fernsehwissenschaften Unterschlupf, um sich dort mit schwerem theoretischen Geschütz der populären Kultur zu widmen. Unterdessen machten sich die avancierten Vertreter der philologischen Disziplinen daran, die altehrwürdigen Geistes- als Kulturwissenschaften neu zu etikettieren, ohne sich dabei allerdings ernsthaft auf die amerikanischen und noch weniger die britischen Cultural Studies einzulassen.

(2) Noch zu Beginn der neunziger Jahre des 20. Jahrhunderts erhoffte sich eine Generation von Intellektuellen, zu der sich auch der Autor des vorliegenden Textes zählt, eine auch politisch wirksame Belebung des Interesses an populärer Kultur durch einen Musikjournalismus, der sich von dem in den USA boomenden Cultural Studies inspirieren ließ. Es machte sich jedoch spätestens in der zweiten Hälfte der neunziger Jahre Ernüchterung breit. So verflüchtigte sich die in den frühen 80er Jahren faszinierende Idee eines hedonistischen Materialismus marxistischer Provenienz und machte einem Diskurs Platz, in dem mehr oder weniger vage auf poststrukturalistische Theorieelemente rekurriert wird, um mit rhetorischen Winkelzügen in der populären Kultur, vor allem natürlich in den mittlerweile stark ausdifferenzierten Sparten der Popmusik, Strategien gegen normalisierende Zuschreibungen hinsichtlich geschlechtlicher und ethnischer Identität auszumachen. Die respektlose Behandlung von Pop-Phänomenen, die – je nach Einstellung der jeweiligen AutorInnen – gefeiert, identifikatorisch adaptiert, lächerlich gemacht oder polemisch-aggressiv zerrissen wurden, wurde durch einen angestrengten, mitunter recht esoterisch anmutenden feuilletonistisch-kunstkritischen Diskurs ersetzt, der sich vor allem auf den Spuren von Judith Butler der Gender-Problematik verschreibt. Der scheinbaren Auflösung der Gesellschaft in zwar medial vernetzte, aber atomisierte Individuen setzte man die Wiedergewinnung des »Sozialen« in avancierten Strömungen der Popmusik entgegen. Darauf, in Anspruch genommene theoretische Bezüge in

argumentativ schlüssigen und ideengeschichtlich abgesicherten Darstellungen dem Publikum nahe zu bringen, konnten und wollten sich Autoren nicht einlassen: So musste das Droppen von Namen und Begriffen genügen, um die Ambitionen dieser sich aufs Popkulturelle kaprizierenden intellektuellen Avantgarde zu stützen.

Die Gründe dafür, dass sich in den späten 90er Jahre einstige Exponenten des Musikjournalismus entweder gänzlich von diesem Feld verabschiedeten oder sich nur noch am Rande damit beschäftigen, sind sicherlich bei den einzelnen Autoren sehr unterschiedliche. Doch nach der oben im Kapitel »Pop-Theorie und Pop-Kritik« erwähnten Selbstkritik dieser Avantgarde im Band »Mainstream der Minderheiten« und einer Totalkritik an der Popkultur, die in dieser vornehmlich missliche kontrollgesellschaftliche Mechanismen am Werke sieht, ist es nicht sehr erstaunlich, dass sich einer der Mitherausgeber des Bandes, nämlich Mark Terkessidis, auf publizistischer und akademischer Ebene als politisch eingreifender Intellektueller versucht. Diedrich Diederichsen lässt sein schon immer geschichtsphilosophisch überhöhtes Interesse an Popmusik, die aus einer solchen Perspektive nun angeblich nichts mehr hergebe und der Begeisterung über avantgardistischen Jazz und Neue Musik gewichen ist,[1] nur noch aufblitzen, wenn es darum geht, für den Texttypus Plattenkritik Ehre gegen Stimmen einzulegen, die dessen Hinfälligkeit in einer von unüberschaubarer stilistischer Vielfalt gekennzeichneten Pop-Welt verkünden (Thomas Groß).[2] Der einstige »Spex«-Chefredakteur Dietmar Dath versucht sich als letzter Exponent marxistischer Essayistik und verzichtet dabei in seinem als »Streitschrift« annoncierten Buch »Maschinenwinter. Wissen, Technik, Sozialismus« (2008) fast vollständig auf Bezüge zur populären Kultur. Mit seinem Plädoyer für Planwirtschaft richtet er sich gegen all diejenigen, die das irrationale Walten der kapitalistischen Wirtschaft als unvermeidlichen Effekt einer hochkomplexen Gesellschaft verklären. Seinem Feldzug gegen das Irrationale fehlt es allerdings an kritischer Distanz gegen-

---

1 Diedrich Diederichsen, Musikzimmer. Avantgarde und Alltag, Köln 2005.
2 Diedrich Diederichsen, Den Einsatz erhöhen!, in: taz, 09.03.07 (http://www.taz.de/index. php?id=archivseite&dig=2007/03/09/a0219); Thomas Groß, Das Ende der Bescheidwisser, in: Die Zeit vom 22.02.07 (http://www.zeit.de/2007/09/Musikkritik?page=all). Kommentierend zu dieser Auseinandersetzung: Kai Müller, Der Club der toten Richter. Weiß der Schwarm, wohin er schwimmt? Zur Debatte um den Pop, seinen Kanon und seine Kritiker, in: Tagesspiegel vom 17.3.2007. (http://Ausstellungsspiegel/kultur/;art772,2100205) und Frank Schäfer, Kritiker-Dämmerung. Popkritik im Zeichen der digital globalisierten Popkultur, in: Neue Zürcher Zeitung vom 09.04.07 (http://www.nzz.ch/2007/03/30/fe/article-F1UQH.html).

über der bürgerlichen Gesellschaft sowie den Werten und Ideen ihrer philosophischen Exponenten. Gegen den Kapitalismus führt er nicht die geschädigten Interessen breiter Bevölkerungsgruppen ins Feld, sondern den intellektuellen Stolz auf Wissenschaft und Technik, die doch fortlaufend Beweise der Beherrsch- und Planbarkeit komplexer Zusammenhänge erbringen.

Dass dem avancierten Musikjournalismus mittlerweile ein klares intellektuelles Profil abgeht, ändert nichts an der Erfolgsgeschichte von wichtigen Elementen des Pop-Diskurses, wie er in der BRD vor allem durch Zeitschriften wie »Sounds« und »Spex« etabliert wurde. Eine Behandlung popmusikalischer Gegenstände auf einem gewissen intellektuellen Niveau, worunter gemeinhin eine mit Anspielungen und Referenzen operierende Schreibweise verstanden wird, die Vertrautheit mit dem modischen Vokabular an geisteswissenschaftlichen Fakultäten ausstellt und weitreichende musikhistorische Kenntnisse vorzuweisen bemüht ist, hat es geschafft in das Feuilleton der Niveaupresse Einzug zu halten. So wird heute in Zeitungen wie »Die Zeit«, »SZ«, »NZZ« und »FAZ« recht umfassend das Geschehen in der Popmusik zum Gegenstand eingehender Betrachtung gemacht und natürlich widmet man sich dort auch den veränderten Besitzverhältnissen an der Zeitschrift »Spex« seit dem Jahre 2000 und den gravierenden personellen Veränderungen in deren Redaktion in den Jahren 2000 und Ende 2006.[3] Dass die besten Impulse des Pop-Diskurses im Zuge dieses Legitimierungsprozesses, wie man in Anlehnung an Bourdieu sagen könnte, auf der Strecke geblieben sind, zeigen die jämmerlichen Scharmützel im Pop-Feuilleton, die von den entsprechenden Publikationsorganen, aber auch von den Protagonisten dieser Auseinandersetzungen als Debatte stilisiert werden: siehe die Debatte um den erwähnten Relaunch von »Spex« als zweimonatig erscheinendes Magazin am

---

3 Vgl. u. a. Dietmar Dath, Wie wir »Spex« zerstört haben, in: FAZ vom 18.12.06 (http://www.
faz.net/s/Rub117C535CDF414415BB243B181B8B60AE/Doc~EB3D5DD0228C743239
17D6F3D3BB4EA2E~ATpl~Ecommon~Scontent.html); Jens Balzer, Spex. Was geht und
was nicht geht, in: Berliner Zeitung v. 22.12.06 (http://www.berlinonline.de/berliner-zei-
tung/archiv/.bin/dump.fcgi/2006/1222/feuilleton/0035/index.html); Reinhard Jellen, Spex
wird geschreddert. Die Übersiedlung des Musikmagazins von Köln nach Berlin markiert
das Ende einer Ära, vom 21.12.2006 (http://www.heise.de/tp/r4/artikel/24/24266/1.html);
Ralf Niemczyk, Vom Wahnsinn umzingelt, in: taz vom 22.12.2006 (http://www.taz.de/in-
dex.php?id=archivseite&dig=2006/12/22/a0158); Oliver Tepel, Sprache und Sichtung. Das
Ende des Pop, wie wir ihn kannten: Der Untergang der »Spex« ist ein Symptom, in: Tagesspiegel vom 28.12.06 (http://www.tagesspiegel.de/kultur/;art772,2255602); Martin Büsser,
»Spex«: Poptheorie ade?, in: WOZ. Die Wochenzeitung vom 11.01.07 (http://www.woz.ch/
artikel/2007/nr02/kultur/14332.html).

Ende des Jahres 2006 und schließlich das oben bereits angesprochene Wortgefecht zwischen Diederichsen und Thomas Groß zu Beginn des Jahres 2007 über den Stellenwert der Pop-Kritik in der Gegenwart.

Die Zeitschrift »Spex« war einst das bundesdeutsche Aushängeschild eines avancierten Musikjournalismus, der an den fortgeschrittenen anglo-amerikanischen Bestrebungen in diesem Feld Maß nahm und aus einer dezidiert linken Perspektive Popmusik betrachten wollte. Heute, nach einer Vielzahl personeller Veränderungen im Kreise der Redakteure und Mitarbeiter und vor allem auch nach einer grundlegenden Wandlung der Eigentumsverhältnisse an der Zeitschrift am Ende des Jahres 1999, präsentiert sie sich als ein Magazin, das auf alles Grelle und Poppige verzichtet und sich auf eine betuliche, erwachsen-abgeklärte Weise seinem popkulturellen Gegenstand nähert. Sie ist das ausgewachsene Feuilleton eines im Medium der Popkultur sozialisierten Lesepublikums, dessen vielfältige intellektuelle und künstlerisch-kreative Interessen durch eine Berichterstattung berücksichtigt werden, die die Fixierung auf neue Entwicklungen in der Popmusik sprengt und thematische Felder wie Mode, Film, Reisen und allgemeine kulturkritische Betrachtungen einschließt.

Die anspruchsvolle Pop-Kritik hat sich seit den späten sechziger Jahren darum bemüht, der Produktion und Rezeption von Popmusik einen politischen Stellenwert einzuräumen. Dem ersten Höhepunkt dieses Bestrebens in den Jahren um 1968 folgte dann ein zweiter Versuch in den ausgehenden 70er und frühen 80er Jahren. Dass Pop und Politik eng miteinander verzahnt sind, musste nun nicht mehr erst rhetorisch-argumentativ dem Publikum nahe gebracht werden, sondern dass es einen solchen Zusammenhang gibt, galt als gesichert. Während die dem Hippietum verbundene Alternativbewegung sich an kritischen Liedermachern und an einer textlich und musikalisch anspruchsvollen Pop- und Rockmusik orientierte, zog ein heterogenes Spektrum an Gegentendenzen zu diesem pop- und jugendkulturellen Mainstream jener Zeit Inspiration aus Punk und den nachfolgenden stilistischen Richtungen des New Wave und New Pop. Genau darauf stützten sich dann auch die avancierten journalistischen Exponenten einer neuen Verknüpfung von Pop und Politik. Die politische Kritik an der Alternativbewegung, die wegen ihrer mangelnden kritischen Sprengkraft hinsichtlich zentraler Vorgaben des wohlfahrtsstaatlich temperierten Kapitalismus sich gut ins Gemeinwesen integrieren ließ, verknüpfte sich mit dem Vergnügen an einer tendenziell avantgardistischen Überbietung der bisherigen Popmusik, an einer Auflösung überkommener popmusikalischer Stilrichtungen, aber auch an einer Instrumentalisierung des

Einfachen, Primitiven, Poppigen, um auf diese Weise das konventionell Anspruchsvolle zu desavouieren. Der genussfeindlichen Haltung im alternativen Milieu wurde aber auch ein radikaler Hedonismus entgegengesetzt, der in einfachen Pop-Formen reizvolle Oberflächen erkennt, starke sinnliche Reize ausmacht, seien es unmittelbar körperliche stimulierende Klänge, sexuell erregende Kostümierungen der Musikerinnen und Fans, Teilhabe an Luxus (Kleidung, Möbel, sonstige exklusive Konsumgüter). Unter politischen Aspekten ist natürlich der Vorteil des hedonistischen gegenüber dem avantgardistischen Impuls leicht zu greifen: Ersterer knüpft an die sinnlichen und materiellen Bedürfnisse auch breiter Gruppen an, verlässt die selbstbezügliche Welt einer bohemistischen Kunstavantgarde. Eine nicht mehr exklusive, an die Verfügung über Eigentum gebundene umfassende Teilhabe am produzierten Reichtum des Kapitalismus lässt sich mit der klassengesellschaftlichen Struktur eines solchen Systems nicht vereinbaren, aber vom wenig kostspieligen popkulturellen Surrogat einer solchen Teilhabe, nämlich im Zuge der Rezeption und Konsumtion der popkultureller Medien und an sie geknüpfter Produkte, wird niemand ausgeschlossen. Hinzu kommen diejenigen, die in besser bezahlte Berufspositionen gelangen und an jener schönen Warenwelt tatsächlich, wie auch immer abgestuft, partizipieren können und sich in einem demonstrativen Konsum ästhetischer Genüsse ergehen, der ideologisch als wohlverdiente Entschädigung für erwiesenen beruflichen Ehrgeiz gerechtfertigt wird. Man sieht also, dass z. B. die Begeisterung für eine hedonistische Musik (Pop, Disco, House, Techno) nicht hinreichend codiert ist, um ihr das Prädikat, politisch widerständig zu wirken, zuschreiben zu können. Wenn man sich mit dieser Ambivalenz nicht abfinden und die Präferenz für eine solche Musik nicht als unverbindliches Geschmacksurteil verstanden wissen will, ist eine begleitende politische Kontextualisierung erforderlich. Avantgardistische Bestrebungen im Feld der Popmusik können sich zwar ihre Sperrigkeit zugute halten, die sie zumindest partiell und für einen gewissen Zeitraum vor der unliebsamen Aneignung durch die Massenmedien und deren Publikum bewahrt, sie werden allerdings Konsumgegenstand einer avancierten Kunst- und Kulturszene, sind in der Entfaltung ihres jeweiligen Sinngehalts auf einen hypertrophierten intellektuellen Diskurs verwiesen, bleiben oft unsinnlich und abstrakt und können entsprechend nicht an die Bedürfnisse und Interessen breiter Gruppen anknüpfen.

Nach diesen Betrachtungen stellt sich die Frage, ob es überhaupt eine Beziehung von Popkultur und Politik gibt, die es lohnt, im Musikjournalismus und in den Cultural Studies aufgearbeitet zu werden. Sieht man einmal von Musik ab, die sich ausdrücklich politisch artikuliert, um ein bestimmtes Anliegen zu vertreten und die dann ideologiekritisch und hinsichtlich ihrer Wirksamkeit, die auf dem Zusammenspiel von Text, Musik, ästhetischer Präsentation etc. beruht, zu untersuchen wäre, kann man natürlich im Sinne eines weit gefassten Begriffs des Politischen, wie er in den sechziger Jahren etabliert wurde – »Das Private ist politisch« – den diskursiven und symbolischen Stellenwert von Popmusik in seiner ganzen Komplexität ins Visier nehmen. Musik, die als Resultat einer solchen umfassenden Analyse als politisch und künstlerisch »wertvoll« einzustufen wäre, böte sich dann an, im Rahmen musikjournalistischen und kulturpädagogischen Tuns dem Publikum nahe gelegt zu werden. Es ist wohl nicht besonders vermessen zu behaupten, dass Musikjournalismus niemals so funktioniert hat oder so funktionieren wird. Allenfalls im Rahmen der Cultural Studies wären solche Urteile nach analytischer Durchdringung historischen Materials zu erwarten. Man könnte nun optimistisch annehmen, dass die Vertrautheit der Exponenten des Musikjournalismus mit solchen Forschungsresultaten in die alltägliche journalistische Arbeit einfließen könnte und auf diese Weise einer differenzierten und kritischen Betrachtung der popkulturellen Gegenstände dienlich sein könnte. Wie wenig das sowohl mit der Realität des Musikjournalismus als auch mit der der Cultural Studies zu tun hat, dürfte klar sein. Gründliche Vertrautheit mit den Cultural Studies ist im Musikjournalismus kaum vorauszusetzen, triftige Analysen des politischen Gehalts popkultureller Gegenständen liegen in jenen kaum vor. Selbst wenn man einmal annimmt, dass solche Analysen greifbar wären, entzöge sich die Komplexität ihrer Resultate einer einfachen Vermittlung an ein vergleichsweise breites Publikum und der Nutzbarmachung für das aktuelle journalistische Geschäft.

Während bislang das Verhältnis von Popkultur und Politik aus der Perspektive des popkulturellen Gegenstandes betrachtet wurde, soll nun die Seite der Rezeption ins Spiel gebracht werden. Das Wahrnehmen einer Musik z. B. vollzieht sich für den Rezipienten vor dem Hintergrund eines spezifischen Sozialisationsweges in einer je aktuellen kulturellen und politischen Situation. Welcher politische Stellenwert einer Musik von einer Gruppe gleichgesinnter Rezipienten zugeschrieben wird, hat dann vor allem damit zu tun, was diese Rezipienten in der Musik sehen *wollen* und was sie sich als z. B. journalistische Multiplikatoren im öffentlichen Diskurs von solchen Zuschreibungen erhoffen. Ein weiterer wichtiger Gesichtspunkt in diesem Kontext ist der spezifische Charakter des ästhetischen Urteils über Popmusik. Die jeweils geschätzte Künstlerin tritt nicht nur als Person in Erscheinung, die eine bestimmte Musik komponiert oder einen Text geschrieben hat, sondern als Figur, die sich auf eine spezifische Weise kleidet und habituell geriert. Es ist diese Vielfalt ästhetisch-kultureller Dimensionen, die sich den Rezipienten darbietet und aus der sie sich einen Reim auf eine solche Erscheinung zu machen aufgefordert sind bzw. sich aufgefordert fühlen. Zur Debatte steht dann nicht ein isoliertes, singuläres ästhetisches Phänomen, sondern eine Lebensweise. Das ist der Punkt, an dem ein Publikum, das sich durch eine kritische, linke Haltung gegenüber den gesellschaftlichen Verhältnissen auszeichnet, anzuknüpfen versucht: Während man in alltäglichen Situationen immer wieder daran erinnert wird, dass der erwähnte kritische Impetus nur in den engen Schranken intellektueller Diskurse Resonanz findet, ansonsten jedoch auf wenig Anklang stößt, soll das faszinierte Zeigen auf popkulturelle Gegenstände eine Lebensweise sinnfällig entfalten, die die Fesseln der bürgerlichen Gesellschaft bereits ansatzweise gesprengt hat. Von dieser Idee zehrte auch die Pop-Kritik in »Sounds« und später in »Spex« während der achtziger Jahre. Diese Überhöhung des jeweiligen popkulturellen Gegenstandes sollte durch Anleihen aus avancierten theoretischen Kontexten an Überzeugungskraft gewinnen. Durch diese wie auch immer vagen theoretischen Bezüge in der Darstellung entsprechender Acts trat die unmittelbar sinnliche Freude an der Musik, die Begeisterung über das Auftreten, Gebaren von Musikerinnen in den Hintergrund, die durchaus mit dem Wissen um die Artifizialität des popkulturellen Phänomens einhergehen kann und nicht zwangsweise dem Kult der Authentizität huldigen muss. Dieser Zug hin zur erwachsenen, distanzierten Reflexion, zur modernistischen Strenge, zum Avantgardistischen ist »Spex« nicht erst seit dem viel diskutierten Redaktionswechsel am Ende des Jahres 2006 zu Eigen, sondern hat sich schon im Verlauf der 90er Jahre deutlich ausgeprägt. So wurde das Magazin zur Pflichtlektüre für ein an popkulturellen Entwicklungen interessiertes studentisch-akademisches Publikum, das ein jüngeres, aufgeschlossenes Teenager-Publikum nicht mehr anzusprechen vermochte. Eine solche Argumentation muss mit dem Einwand rechnen, dass es die Entwicklung der Popmusik selbst seit den späten achtziger Jahren gewesen sei, die zu einer reflexiv gebrochenen, nicht mehr von Begeisterung und Identifikation geprägten Betrachtung geführt habe. Dem ist entgegenzuhalten, dass es seit der Hochzeit der neueren Popmusik in den späten sechziger Jahren immer wieder Acts gegeben hat, die Eingängigkeit, ästhetisches Raffinement und popkulturell signifikantes Auftreten mitein-

ander zu kombinieren wussten und so ein recht breites junges Publikum
anzusprechen verstanden haben. Der gelegentlich beklagte Niveauverlust im
Musikjournalismus ist nicht, wie Diederichsen haltlos spekuliert, darauf zu-
rückzuführen, dass junge Autoren im Konflikt zwischen einer akademischen
Karriere und der hinsichtlich beruflicher Perspektiven unsicheren Tätigkeit
im journalistischen Feld sich zugunsten Ersterer entscheiden,[4] sondern das
Resultat eines Schreibens über Popmusik in einem krampfhaft theoretisie-
renden und in einem gestelzten feuilletonistischen Duktus, wie ihn der eben
Genannte und andere Exponenten der hiesigen Pop-Kritik etabliert haben.

Mit ihrer Fixierung auf eine spezifische Kombination musikalischer und
nicht-musikalischer Zeichen, die den kleinen Unterschied, die feine Distinktion fetischisiert, die eine Gruppe oder eine Künstlerin von vielen vergleichbaren
Bestrebungen trennt, hat sich die Pop-Kritik seit den frühen achtziger Jahren
den Zugang zu einem breiteren Lesepublikum verbaut. Dahinter verbirgt sich
eine Überschätzung des politischen Stellenwerts von Geschmacksvorlieben,
hier speziell im Feld der Popmusik. Wenn man diesen einen so großen Stellenwert für die politische Willensbildung einräumt, dann gewinnen natürlich die
Unterschiede zwischen den verschiedenen Spielarten einer ähnlichen Musik an
Bedeutung. Das in den siebziger Jahren blühende politische Sektierertum im
linken Lager findet am Ende des Jahrzehnts und in der Folgezeit sein Pendant
in der ästhetisch-politischen Distinktionswut im Feld der Pop-Kritik. Allerdings macht sich mittlerweile die schon länger zum Feuilleton geschrumpfte
Pop-Kritik nur noch selten die Mühe, der jeweiligen Geschmacksentschei-
dung einen politischen Unterton zu verleihen, die wie auch immer bestimmte
ästhetische Signifikanz des behandelten Gegenstands soll das ästhetische Urteil
der Beliebigkeit entreißen. Bei aller ostentativ bekundeten Abneigung gegen
den bürgerlichen Kulturbetrieb, auch gegen in diesen Betrieb eingeschlossene
avantgardistische Bestrebungen kann sich die anspruchsvolle Pop-Kritik meist
nur zu einer Strategie der Affirmation des Populären durchringen, nicht zu
seiner ungebrochenen Wertschätzung, die natürlich vielfältige geschmackliche
Vorlieben und Abneigungen in diesem Feld keinesfalls ausschließt. Nur so
lässt sich der gleich zu Beginn des vorliegenden Buches dargestellten Tendenz,
im Streit der Geschmäcker kulturelle Distinktionsgewinne zu realisieren, auch
im Feld der Rezeption von Popmusik entgegenwirken.

---

4   Diedrich Diederichsen (im Gespräch mit Alexis Waltz und Jochen Bonz), Pop-Feuilleton,
    in: Jochen Bonz, Michael Büscher, Johannes Springer (Hg.), Popjournalismus, Mainz 2005,
    S. 178–201, hier S. 184.

Literaturverzeichnis

ALSMANN, GÖTZ, Nichts als Krach. Die unabhängigen Schallplattenfirmen und die Entwicklung der amerikanischen populären Musik 1943–1963, Drensteinfurt 1985.

ANDRESEN, SABINE, Einführung in die Jugendforschung, Darmstadt 2005.

ANG, IEN, Das Gefühl Dallas. Zur Produktion des Trivialen [1985], Bielefeld 1986.

APPEN, RALF VON, Der Wert der Musik. Zur Ästhetik des Populären, Bielefeld 2007.

BAACKE, DIETER, Beat – Die sprachlose Opposition [1968], München 1970.

BAACKE, DIETER, Jugend und Jugendkulturen: Darstellung und Deutung [1987], 3. Auflage, Weinheim und München 1999.

BAACKE, DIETER, und ALBERT SCHERR, Diskussion: Neue kulturelle Gemengelagen und Jugendforschung, in: Sozialwissenschaftliche Literatur Rundschau 24 (1992), S. 23–32.

BAACKE, DIETER, und WILFRIED FERCHHOFF, Jugend und Kultur, in: Handbuch der Jugendforschung, herausgegeben von Heinz-Hermann Krüger, 2. Auflage, Opladen 1993, S. 403–445.

BAIER, DIRK, und KLAUS BOEHNKE, Das Risiko der Jugendforschung, in: Soziologische Revue 29 (2006), S. 154–165.

BARKER, MARTIN, und ANNE BEEZER, Reading into Cultural Studies, herausgegeben von dens., London und New York 1992.

BARTHES, ROLAND, Mythen des Alltags [1957], Frankfurt am Main 1970.

BENJAMIN, WALTER, Geschichtsphilosophische Thesen, in: ders., Zur Kritik der Gewalt und andere Aufsätze [1965], 4. Auflage, Frankfurt am Main 1981, S. 78–94.

BÉRUBÉ, MICHAEL (Hg.), The Aesthetics of Cultural Studies, Malden u. a. 2005.

BONZ, JOCHEN, MICHAEL BÜSCHER und JOHANNES SPRINGER (Hg.), Popjournalismus, Mainz 2005.

BOURDIEU, PIERRE, Die feinen Unterschiede. Kritik der gesellschaftlichen Urteilskraft [La distinction, 1979], Frankfurt am Main 1982.

BOURDIEU, PIERRE, Die Regeln der Kunst. Genese und Struktur des literarischen Feldes [Les règles de l'art. Genèse et structure du champ littéraire, 1992], Frankfurt am Main 1999.

BOURDIEU, PIERRE, Ökonomisches Kapital – Kulturelles Kapital – Soziales Kapital, in: Soziale Ungleichheiten, herausgegeben von Reinhard Kreckel, Göttingen 1983, S. 183–195 (= Soziale Welt, Sonderband 2).

BOURDIEU, PIERRE, Über Ursprung und Entwicklung der Arten der Musikliebhaber, in: ders., Soziologische Fragen, Frankfurt am Main 1993.

BRINKMANN, ROLF DIETER, Der Film in Worten, in: Acid. Neue amerikanische Szene [1969], herausgegeben von dems. und Ralf-Rainer Rygulla, Reinbek 1983, S. 381–399.

BÜSSER, MARTIN, On the Wild Side. Die wahre Geschichte der Popmusik, Hamburg 2004.

BUTLER, JUDITH, Gender Trouble: Feminism and the Subversion of Identity, New York u. a. 1990.

CARLES, PHILIPPE, und JEAN-LOUIS COMOLLI, Free Jazz Black Power [Free Jazz – Black Power, 1971], Frankfurt am Main 1974.

CHAMBERS, IAIN, Popular Culture: The Metropolitan Experience, London und New York 1986.

CHAMBERS, IAIN, Urban Rhythms: Pop Music and Popular Culture, Houndmills, Basingstoke u. a. 1985.

CHAMPAGNE, PATRICK, Die Sicht der Medien, in: Das Elend der Welt. Zeugnisse und Diagnose alltäglichen Leidens an der Gesellschaft [La misère du monde, 1993], herausgegeben von Pierre Bourdieu u. a., Konstanz 1997, S. 75–86.

Chasin' a Dream. Die Musik des schwarzen Amerika von Soul bis HipHop, herausgegeben von Gerald Hündgen, Köln 1989.

CHRISTGAU, ROBERT, Any Old Way You Choose It, Baltimore 1973.

COHN, NIK, AWopBopaLooBopALopBamBoom. Der Klassiker der Rock-Literatur [Pop from the Beginning, 1969], München 1995.

COYLE, MICHAEL, Hijacked Hits and Antic Authenticity. Cover Songs, Race, and Postwar Marketing, in: Rock Over the Edge. Transformations in Popular Music Culture, herausgegeben von Roger Beebe, Denise Fulbrook and Ben Saunders, Durham u. a. 2002, S. 133–157.

DATH, DIETMAR, Kulturaustausch. Der Pop und die Pest, in: Frankfurter Allgemeine Zeitung, 13. Februar 2003.

DATH, DIETMAR, Maschinenwinter. Wissen, Technik, Sozialismus. Eine Streitschrift, Frankfurt am Main 2008.

DIEDERICHSEN, DIEDRICH, 1.500 Platten. 1979–1989, Köln 1989.

DIEDERICHSEN, DIEDRICH, Sexbeat. 1972 bis heute, Köln 1985, 2002 (Neuausgabe mit dem Vorwort »And then they, and then they move – 20 Jahre später«, i-xxxviv).

DIEDERICHSEN, DIEDRICH (Hg.), Staccato. Musik und Leben, Heidelberg 1982.

DIEDERICHSEN, DIEDRICH, Ein Paar Figuren auf dem Wege durch eine bestimmte Zeit, in: Die Beute 1 (1994), S. 85–88.

DIEDERICHSEN, DIEDRICH, Freiheit macht arm. Das Leben nach Rock 'n' Roll 1990–93, Köln 1993.

DIEDERICHSEN, DIEDRICH, Kicking Against The Pricks [Plattenkritik zu Nick Cave], in: Spex 7/1986, S. 38, wiederveröffentlicht in: ders., 1.500 Schallplatten. 1979–1989, Köln 1989, 122 f.

DIEDERICHSEN, DIEDRICH, Musikzimmer. Avantgarde und Alltag, Köln 2005.

DIEDERICHSEN, DIEDRICH (im Gespräch mit Alexis Waltz und Jochen Bonz), Pop-Feuilleton, in: Jochen Bonz, Michael Büscher, Johannes Springer (Hg.), Pop-journalismus, Mainz 2005, S. 178–201.

DIEDERICHSEN, DIEDRICH, DICK HEBDIGE und OLAF DANTE MARX, Schocker. Stile und Moden der Subkultur, Reinbek bei Hamburg 1983.

DRAPER, ROBERT, Rolling Stone Magazine. The Uncensored History, New York 1990.

DURING, SIMON, Cultural Studies: A Critical Introduction, London und New York 2005.

ECKERT, ROLAND, CHRISTA REIS und THOMAS A. WETZSTEIN, »Ich will halt anders sein wie die anderen«. Abgrenzung, Gewalt und Kreativität bei Gruppen Jugendlicher, Opladen 2000.

FARIN, KLAUS, generation-kick.de – Jugendsubkulturen heute, München 2001.

FEUER, JANE, Reading Dynasty: Television and Reception Theory, in: The South Atlantic Quarterly 88 (1989), S. 443–460.

FISH, STANLEY, Doing What Comes Naturally Change. Rhetoric, and the Practice of Theory in Literary and Legal Studies. Oxford u. a. 1989.

FISH, STANLEY, Professional Correctness: Literary Studies and Political Change, Oxford 1995.

FISKE, JOHN, Cultural Studies and the Culture of Everyday Life, in: Cultural Studies, herausgegeben von Lawrence Grossberg u. a., New York u. a. 1992, S. 154–165.

FISKE, JOHN, Die kulturelle Ökonomie des Fantums [The Cultural Economy of Fandom, 1992], in: Kursbuch Jugendkultur. Stile, Szenen und Identitäten vor der Jahrtausendwende, herausgegeben von SPoKK, Mannheim 1997, S. 54–69.

FISKE, JOHN, Television Culture, London und New York 1987.

FLENDER, RAINER, und HELMUT RAUHE, Popmusik. Aspekte ihrer Geschichte, Funktionen, Wirkung und Ästhetik, Darmstadt 1989.

FLUCK, WINFRIED, Populäre Kultur. Ein Studienbuch zur Funktionsbestimmung und Interpretation populärer Kultur, Stuttgart 1979.

FOUCAULT, MICHEL, Überwachen und Strafen. Die Geburt des Gefängnisses [Surveiller et punir. Naissance de la prison, 1975], Frankfurt am Main 1994.

FRITH, SIMON, Art Ideology and Pop Practice, in: Marxism and the Interpretation of Culture, herausgegeben von Cary Nelson und Lawrence Grossberg, Houndmills, Basingstoke u. a. 1988, S. 461–475.

FRITH, SIMON, Das Gute, das Schlechte und das Mittelmäßige. Zur Verteidigung der Populärkultur gegen den Populismus [The Good, the Bad, and the Indifferent: Defending Popular Culture from the Populists, in: diacritics 21 (1991)], in: Cultural Studies. Grundlagentexte zur Einführung, herausgegeben von Roger Bromley, Udo Göttlich, Carsten Winter, Lüneburg 1999, S. 191–214.

FRITH, SIMON, Frankie Said: But What Did They Mean?, in: Consumption, Identity, and Style. Marketing, Meanings, and the Packaging of Pleasure, herausgegeben von Alan Tomlinson, London und New York 1990, S. 172–185.

FRITH, SIMON, Performing Rites: On the Value of Popular Music, Oxford und New York 1996.

FRITH, SIMON, Rock and the Politics of Memory [1984], in: The 60s Without Apology, herausgegeben von Sohnya Sayres, Anders Stephanson, Stanley Aronowitz, Fredric Jameson, Minneapolis 1985, S. 59–69.

FRITH, SIMON, und HOWARD HORNE, Art into Pop, London und New York 1987.

FRITH, SIMON, WILL STRAW und JOHN STREET (Hg.), The Cambridge Companion to Pop and Rock, Cambridge 2001.

FRITH, SIMON, Zur Ideologie des Punk, in: Rock-Session 2, herausgegeben von Jörg Gülden und Klaus Humann, Reinbek bei Hamburg 1978, S. 25–32.

FUHR, MICHAEL, Populäre Musik und Ästhetik. Die historisch-philosophische Rekonstruktion einer Geringschätzung, Bielefeld 2007.

GAAR, GILLIAN G., Rebellinnen. Die Geschichte der Frauen in der Rockmusik [She's a Rebel: The History of Women in Rock & Roll, 1992], Hamburg 1994.

GEBHARDT, RICHARD, Zur Rezeption der Cultural Studies in »SPEX – Magazin für Pop-Kultur«, in: Die Werkzeugkiste der Cultural Studies. Perspektiven, Anschlüsse und Interventionen, herausgegeben von Udo Göttlich, Lothar Mikos und Rainer Winter, Bielefeld 2001, S. 175–200.

GENDRON, BERNARD, Between Montmartre and the Mudd Club. Popular Music and the Avant-Garde, Chicago und London 2002.

GLASER, PETER (Hg.), Rawums: Texte zum Thema [1984], Köln 2003.

GLEBA, KERSTIN, und ECKHARD SCHUMACHER (Hg.), Pop seit 1964, Köln 2007.

GOFFMAN, ERVING, Fun in Games, in: ders., Encounters. Two Studies in Sociology of Interaction, London 1961.

GOFFMAN, ERVING, On Cooling the Mark Out. Some Aspects of Adaption to Failure, in: Human Behaviour and Social Processes, herausgegeben von Arnold M. Rose, Boston 1962, S. 482–505.

GOFFMAN, ERVING, Rahmen-Analyse. Ein Versuch über die Organisation von Alltagserfahrungen [1974], Frankfurt am Main 1980.

GOFFMAN, ERVING, Wo was los ist – wo es action gibt, in: ders., Interaktionsrituale. Über Verhalten in direkter Kommunikation [1967], Frankfurt am Main 1971, S. 164–292.

GORRIS, LOTHAR, Rebels Without a Pause: Rap und HipHop, in: Chasin' a Dream: Die Musik des schwarzen Amerika von Soul bis HipHop, herausgegeben von Gerald Hündgen, Köln 1989, S. 192–218.

GÖTTLICH, UDO, Kritik der Medien. Reflexionsstufen kritisch-materialistischer Medientheorien am Beispiel von Leo Löwenthal und Raymond Williams, Opladen 1996.

GÖTTLICH, UDO, und RAINER WINTER (Hg.), Politik des Vergnügens. Zur Diskussion der Populärkultur in den Cultural Studies, Köln 2000.

GRAF, CHRISTIAN, Rockmusik Lexikon Amerika, 2 Bde., Hamburg 1989.

GRAF, CHRISTIAN, Rockmusik Lexikon Europa, 2 Bde., Hamburg 1986.

GRAVES, BARRY, und SIEGFRIED SCHMIDT-JOOS, Rock-Lexikon [1973, 1975], Reinbek bei Hamburg 1990.

GRAVES, BARRY, SIEGFRIED SCHMIDT-JOOS und BERNWARD HALBSCHEFFEL, Rock-Lexikon, Reinbek bei Hamburg 2003.

GREIG, CHARLOTTE, Will You Still Love Me Tomorrow? Mädchenbands von den 50er Jahren bis heute [Will You Still Love Me Tomorrow? Girl Groups from the 50s on …, 1989], Reinbek bei Hamburg 1991.

GRIESE, HARTMUT M., »Ausspioniert und angeschmiert«. Kritik der Jugendforschung und der Pädagogisierung von Jugendproblemen, in: A. Grimm (Hg.), Jugend, Politik und Demokratie. Perspektiven einer neuen Jugenddebatte und Jugendpolitik. Rehberg-Loccum 1997 (= Loccumer Protokolle 64/95), S. 38–64.

GRIESE, HARTMUT M., »Jugend(sub)kultur(en)« – Facetten, Probleme und Diskurse, in: Roland Roth, Dieter Rucht (Hg.), Jugendkulturen, Politik und Protest. Vom Widerstand zum Kommerz?, Opladen 2000, S. 37–47.

GROSSBERG, LAWRENCE, Does Cultural Studies Have Futures? Should It? (Or What's the Matter with New York?). Cultural Studies, Contexts and Conjunctures, in: Cultural Studies 20 (2006), S. 1–32.

GUDMUNDSSON, GESTUR, ULF LINDBERG, MORTEN MICHELSEN und HANS WEISETHAUNET, Brit Crit. Turning Points in British Rock Criticism, 1960–1990, in: Pop Music and the Press, herausgegeben von Steve Jones, Philadelphia 2002, S. 41–64.

HALBSCHEFFEL, BERNWARD, und TIBOR KNEIF, Sachlexikon Rockmusik. Instrumente, Stile, Techniken, Industrie und Geschichte, Reinbek bei Hamburg 1992.

HALL, STUART, The Hippies: An American ›Moment‹, in: Student Power, herausgegeben von Julian Nagel, London 1969, S. 170–202.

HAVELOCK, NELSON, und MICHAEL A. GONZALES, Bring the Noise. A Guide to Rap Music and Hip-Hop Culture, New York 1991.

HEBDIGE, DICK, Subculture. The Meaning of Style, London 1979.

HECKEN, THOMAS (Hg.), Der Reiz des Trivialen. Künstler, Intellektuelle und die Popkultur, Opladen 1997.

HECKEN, THOMAS, Gegenkultur und Avantgarde 1950–1970. Situationisten, Beatniks, 68er, Tübingen 2006.

HECKEN, THOMAS, Kunst und/oder Leben. Futuristisches, dadaistisches Varieté, situationistische Aktion, Pop Art, in: Der Reiz des Trivialen. Künstler, Intellektuelle und die Popkultur, herausgegeben von dems., Opladen 1997, S. 109–140.

HECKEN, THOMAS, Populäre Kultur. Mit einem Anhang ›Girl und Popkultur‹, Bochum 2006.

HECKEN, THOMAS, Theorien der Populärkultur. Dreißig Positionen von Schiller bis zu den Cultural Studies, Bielefeld 2007.

HEPP, ANDREAS, Cultural Studies und Medienanalyse. Eine Einführung, Opladen und Wiesbaden 1999.

HEPP, ANDREAS, und RAINER WINTER (Hg.), Kultur – Medien – Macht. Cultural Studies und Medienanalyse, 3., überarbeitete und erweiterte Auflage, Wiesbaden 2006 (zuerst 1997).

HINZ, RALF, Cultural Studies und avancierter Musikjournalismus in Deutschland, in: Andreas Hepp, Rainer Winter (Hg.), Kultur – Medien – Macht. Cultural Studies und Medienanalyse, 3., überarbeitete und erweiterte Auflage, Wiesbaden 2006, S. 255–266.

HINZ, RALF, Cultural Studies und Pop. Zur Kritik der Urteilskraft wissenschaftlicher und journalistischer Rede über populäre Kultur, Opladen und Wiesbaden 1998.

HINZ, RALF, Die hohe Kunst der Kopie. Überlegungen zur Geschmackssoziologie der Coverversion in der populären Musik, in: Gisela Fehrmann, Erik Linz, Eckard Schumacher, Brigitte Weingart (Hg.), Originalkopie-Praktiken des Sekundären, Köln 2004, S. 258–272.

HINZ, RALF, Formen der Geschichtsschreibung über Popmusik, in: Popmusic: Yesterday – Today – Tomorrow. 9 Beiträge vom 8. Internationalen Studentischen Symposium für Musikwissenschaft in Köln 1993, herausgegeben von Markus Heuger und Matthias Prell, Regensburg 1995, S. 133–150.

HINZ, RALF, Pop-Theorie und Pop-Kritik. Denk- und Schreibweisen im avancierten Musikjournalismus, in: Text+Kritik, Sonderband X/2003, S. 297–310.

HITZLER, RONALD, und MICHAELA PFADENHAUER, We are one different family. Techno als Exempel einer anderen Politik, in: dies. (Hg.), Techno-Soziologie. Erkundungen einer Jugendkultur, Opladen 2001, S. 45–61.

HITZLER, RONALD, THOMAS BUCHER und ARNE NIEDERBACHER, Leben in Szenen. Formen jugendlicher Vergemeinschaftung heute, Opladen 2001.

HOFFMANN, RAOUL, Rock Story. Drei Jahrzehnte Rock & Pop Music von Presley bis Punk, Frankfurt am Main u. a. 1981.

HOGGART, RICHARD, The Uses of Literacy, London 1957.

HOLERT, TOM, College Rock. Die Ästhetik von Cultural Studies, in: Spex 7/95, S. 54–55.

HOLERT, TOM, und MARK TERKESSIDIS, Einführung in den Mainstream der Minderheiten, in: Dies. (Hg.), Mainstream der Minderheiten. Pop in der Kontrollgesellschaft, Berlin 1996, S. 5–19.

HÖRNING, KARL H., und RAINER WINTER (Hg.), Widerspenstige Kulturen. Cultural Studies als Herausforderung, Frankfurt am Main 1999.

HORNSTEIN, WALTER, Strukturwandel der Jugendphase in der Bundesrepublik Deutschland. Kritik eines Konzepts und weiterführende Perspektiven, in: Wilfried Ferchhoff, Thomas Olk (Hg.), Jugend im internationalen Vergleich. Sozialhistorische und sozialkulturelle Perspektiven, Weinheim und München 1988, S. 70–92.

HURRELMANN, KLAUS, Lebensphase Jugend. Eine Einführung in die sozialwissenschaftliche Jugendforschung, 7., vollständig überarbeitete Auflage, Weinheim, München 2004.

JAMESON, FREDRIC, Postmoderne – zur Logik der Kultur im Spätkapitalismus, in: Postmoderne. Zeichen eines kulturellen Wandels, herausgegeben von Andreas Huyssen und Klaus R. Scherpe, Reinbek bei Hamburg 1986, S. 45–102.

JENKINS, HENRY, Textual Poachers: Television Fans and Participatory Culture, New York und London 1992.

JENKINS, HENRY, TARA MCPHERSON und JANE SHATTUC (Hg.), Hop on Pop. The Politics and Pleasures of Cultural Studies, Durham und London 2002.

JERRENTRUP, ANSGAR, Techno – Musik und ihr eigenwilliges Szenario. Anmerkungen zu einer musikalischen Un-Art, in: Popmusic: Yesterday – Today – Tomorrow. 9 Beiträge vom 8. Internationalen Studentischen Symposium für Musikwissenschaft in Köln 1993, herausgegeben von Markus Heuger und Matthais Prell, Regensburg 1995, S. 107–121.

JONES, STEVE, und KEVIN FEATHERLY, Re-Viewing Rock Writing: Narratives of Popular Music Criticism, in: Pop Music and the Press, herausgegeben von Steve Jones, Philadelphia 2002, S. 19–40.

Jugendkultur als Widerstand. Milieus, Rituale, Provokationen, herausgegeben von John Clarke, Paul Cohen u. a., Frankfurt am Main 1979.

JUGENDWERK DER DEUTSCHEN SHELL (Hg.), Jugend '81: Lebensentwürfe, Alltagskulturen, Zukunftsbilder, 2 Bde., Opladen 1982.

KAISER, ROLF-ULRICH, Das Songbuch, Ahrensburg und Paris 1967.

KID P., Die Neue Deutsche Welle, in: Diedrich Diederichsen (Hg.), Staccato. Musik und Leben, Heidelberg 1982, S. 9–55.

KID P., Hoch auf das Zuhausebleiben [in: Elaste, August/September 1984], in: Kerstin Gleba, Eckhard Schumacher (Hg.), Pop seit 1964, Köln 2007, S. 139–142.

KLOPOTEK, FELIX, Words don't come easy. Wie man Musik schreibt, in: Jochen Bonz, Michael Büscher, Johannes Springer (Hg.), Popjournalismus, Mainz 2005, S. 66–74.

KRAMER, JÜRGEN, British Cultural Studies, München 1997.

KREWANI, ANGELA, Die Welt ist schlecht, das Leben ist schön. Tendenzen in der Musik der 80er Jahre, in: Aufbruch in die Neunziger. Ideen, Entwicklungen, Perspektiven der achtziger Jahre, herausgegeben von Christian W. Thomsen, Köln 1991, S. 255–279.

KRÜGER, HEINZ-HERMANN, und WERNER THOLE, Jugend, Freizeit und Medien, in: Handbuch der Jugendforschung, herausgegeben von Heinz-Hermann Krüger, 2. Auflage, Opladen 1992, S. 447–472.

KUHNKE, KLAUS, MANFRED MILLER und PETER SCHULZE, Geschichte der Pop-Musik, Band 1 (Bis 1947), Bremen 1976.

KUREISHI, HANIF, That's how good it was, in: The Faber Book of Pop, herausgegeben von dems. und J. Savage, London und Boston 1995.

LAING, DAVID, One Chord Wonders: Power and Meaning in Punk Rock, Milton Keynes 1985.

LAUFENBERG, FRANK, und INGRID HAKE, Rock- und Poplexikon, Düsseldorf und Wien 1994.

LEGGE, GORDON, The Shoe, Edinburgh 1989.

LEWIS, G. H., The Sociology of Popular Culture, in: Current Sociology 26 (1978), S. 1–154.

LINDNER, ROLF (Hg.), Punk Rock, Frankfurt am Main 1978.

LINDNER, ROLF, Apropos Stil. Einige Anmerkungen zu einem Trend und seinen Folgen, in: Verborgen im Licht. Neues zur Jugendfrage, herausgegeben von dems. und H.-H. Wiebe, Frankfurt 1985, S. 206–218.

LINDNER, ROLF, Die Stunde der Cultural Studies, Wien 2000.

LINDNER, ROLF, Jugendkultur und Subkultur als soziologische Konzepte, in: Soziologie der jugendlichen Subkulturen, herausgegeben von Mike Brake, Frankfurt am Main 1981, S. 172–193.

LONGHURST, BRIAN, Popular Music and Society, Cambridge und Malden 2007.

LUTTER, CHRISTINA, und MARKUS REISENLEITNER, Cultural Studies – Eine Einführung, Wien 2002.

MANSEL, JÜRGEN, HARTMUT M. GRIESE und ALBERT SCHEER (Hg.), Theoriedefizite der Jugendforschung, Weinheim, München 2003.

MARCUS, GREIL, Lipstick Traces. Von Dada bis Punk – kulturelle Avantgarden und ihre Wege aus dem 20. Jahrhundert [Lipstick Traces. A Secret History of the Twentieth Century, 1989], Hamburg 1992.

MARCUS, GREIL, Mystery Train. Images of America in Rock'n'Roll Music [1975], third edition, London u. a. 1990.

McROBBIE, ANGELA, Introduction, in: dies., Zoot Suits and Second Hand Dresses: An Anthology of Fashion and Music, Houndmills u. a., xi–xx.

MIKOS, LOTHAR, Cultural Studies im deutschsprachigen Raum, in: Andreas Hepp, Rainer Winter (Hg.), Kultur – Medien – Macht. Cultural Studies und Medienanalyse, 3., überarbeitete und erweiterte Auflage, Wiesbaden 2006, S. 177–192.

MUKERJI, CHANDRA, und MICHAEL SCHUDSON, Introduction: Rethinking Popular Culture, in: dies. (Hg.), Rethinking Popular Culture: Contemporary Perspectives in Cultural Studies, Berkeley u. a. 1991, S. 1–61.

MÜLLER, RENATE, PATRICK GLOGNER, STEFANIE RHEIN und JENS HEIM, Zum sozialen Gebrauch von Musik und Medien durch Jugendliche. Überlegungen im Lichte kultursoziologischer Theorien, in: Wozu Jugendliche Musik und Medien gebrauchen. Jugendliche Identität und musikalische und mediale Geschmacksbildung, herausgegeben von dens., Weinheim und München 2002, S. 9–26.

NEHRING, NEIL, Flowers in the Dustbin. Culture, Anarchy, and Postwar England, Ann Arbor 1993.

NORMAN, PHILIP, The Rolling Stones – Die Geschichte einer Rock-Legende [Symphony for the Devil: The Rolling Stones Story, 1984], München 1987.

OLIVER, PAUL, Blues fell this morning [Blues Fell This Morning. Meaning in the Blues, 1960], Andrä-Wördern 1991.

OSBORNE, PETER, »Whoever Speaks of Culture Speaks of Administration as Well«. Disputing Pragmatism in Cultural Studies, in: Cultural Studies 20 (2006), S. 33–47.

OTTE, GUNNAR, Körperkapital und Partnersuche in Clubs und Diskotheken. Eine ungleichheitstheoretische Perspektive, in: Diskurs Kindheits- und Jugendforschung, H. 2, 2007, S. 169–186.

PECK, ABE, Uncovering the Sixties, New York 1985.

PENDZICH, MARC, Alle Jahre Lieder. Die Tendenz zu Coverversionen in Pop, HipHop und Techno, in: Frankfurter Allgemeine Zeitung, 6. Oktober 2001.

POSENER, ALAN, und MARIA POSENER, Elvis Presley. Mit Selbstzeugnissen und Bilddokumenten dargestellt, Reinbek bei Hamburg 1993.

Praxishandbuch Rockmusik in der Jugendarbeit, herausgegeben von Wolfgang Hering, Burkhard Hill und Günter Pleiner, Opladen 1993.

RADWAY, JANICE, Reading the Romance. Women, Patriarchy, and Popular Literature [1984], Chapel Hill 1991.

RENNER, KAI-HINRICH, Größer als das Leben, in: Süddeutsche Zeitung, 31. Januar 2003.

REYNOLDS, SIMON, Rip It Up and Start Again. Post Punk 1978–1984, London 2005.

RIESMAN, DAVID, Listening to Popular Music [in: American Quarterly 2, 1950, 359–371], in: Mass Culture. The Popular Arts in America, herausgegeben von Bernard Rosenberg und David Manning White, Glencoe (Illinois) 1957, S. 408–417.

ROBBINS, DAVID (Hg.), The Independent Group: Postwar Britain and the Aesthetics of Plenty, Cambridge (Massachusetts) und London 1990.

RODENBERG, HANS-PETER, Subversive Phantasie. Untersuchungen zur Lyrik der amerikanischen Gegenkultur 1960–1975: Allen Ginsberg, Gary Snyder, Bob Dylan, Leonhard Cohen, Jim Morrison, Giessen 1983.

ROSS, ANDREW, The Rock 'n' Roll Ghost, in: October 50 (1989), 50, S. 108–117.

SALZINGER, HELMUT, Rock Power oder Wie musikalisch ist die Revolution?, Reinbek bei Hamburg 1972.

SANCHEZ, TONY, und JOHN BLAKE, Sympathy For The Devils. 30 Jahre mit den Rolling Stones [Up and Down With the Rolling Stones, 1991], Köln 1993.

SAVAGE, JON, England's Dreaming. Sex Pistols and Punk Rock, London 1991.

SCHÄFERS, BERNHARD, Soziologie des Jugendalters. Eine Einführung, 5. Auflage, Opladen 1994; 7. Auflage, Opladen 2001.

SCHÄFERS, BERNHARD, und ALBERT SCHERR, Jugendsoziologie. Einführung in Grundlagen und Theorien.

SCHERR, ALBERT, Soziale Identitäten Jugendlicher. Politische und berufsbiographische Orientierungen von Auszubildenden und Studenten, Opladen 1995.

SCHMIDT-JOOS, SIEGFRIED, und WOLF KAMPMANN, unter Mitarbeit von Barry Graves und Bernward Halbscheffel, Pop-Lexikon, Reinbek bei Hamburg 2002.

SCHULZE, GERHARD, Die Erlebnisgesellschaft. Kultursoziologie der Gegenwart, Frankfurt am Main 1992.

SHAW, ARNOLD, Die Story des Rock'n'Roll. Die Stars, die Musik und die Mythen der 50er Jahre [The Rockin 50's. The Decade That Transformed the Pop Music Scene, 1974], Reinbek bei Hamburg 1978.

SHAW, ARNOLD, Soul. Von den Anfängen im Blues bis zu den Hits aus Memphis und Philadelphia [The World of Soul. Black America's Contribution to the Pop Music Scene, 1970], Reinbek bei Hamburg 1980.

SHELL DEUTSCHLAND HOLDING (Hg.), Jugend 2006. Eine pragmatische Generation unter Druck, Konzeption und Koordination: Klaus Hurrelmann, Matthias Albert & TNS Infratest Sozialforschung, Hamburg, Frankfurt am Main 2006.

SPENGLER, PETER, Rockmusik und Jugend. Bedeutung und Funktion einer Musikkultur für die Identitätssuche im Jugendalter, Frankfurt am Main 1985.

TERHAG, JÜRGEN, Populäre Musik und Pädagogik, in: Grundlagen und Praxismaterialien, 2. Band, Oldershausen 1996.

TERKESSIDIS, MARK, Distanzierte Forscher und selbstreflexive Gegenstände. Zur Kritik der Cultural Studies in Deutschland, in: Christoph Jacke, Eva Kimminich, Siegfried J. Schmidt (Hg.), Kulturschutt. Über das Recycling von Theorien und Kulturen, Bielefeld 2006, S. 148–164.

THORNTON, SARAH, Club Cultures. Music, Media and Subcultural Capital, London 1995.

TILGNER, WOLFGANG, Psalmen, Pop und Punk. Populäre Musik in den USA, Berlin 1993.

TOOP, DAVID, Rap Attack 2: African Rap To Global Hip Hop, London 1991.

TOOP, DAVID, The Rap Attack: African Jive to New York Hip Hop, London 1984.

TOSCHES, NICK, Hellfire. Die Jerry Lee Lewis-Story [Hellfire: The Jerry Lee Lewis Story, 1982], Frankfurt am Main und Berlin 1982.

ULLMAIER, JOHANNES, Destruktive Cover-Versionen, in: Testcard. Beiträge zur Popgeschichte 1 (1995), S. 61–87.

VENKER, THOMAS, Counterfeit [Plattenkritik zu Martin L. Gore], in: Intro, 5/2003, S. 32.

VOGT, LUDGERA, Kunst oder Kitsch: ein »feiner Unterschied«? Soziologische Aspekte ästhetischer Wertung, in: Soziale Welt 45 (1994), S. 363–384.

VOULLIÈME, HELMUT, Die Faszination der Rockmusik: Überlegungen aus bildungstheoretischer Perspektive, Opladen 1987.

WALKER, JOHN A., Cross-overs: Art Into Pop/Pop Into Art, London und New York 1987.

WEBSTER, FRANK, Cultural Studies and Sociology at, and after, the Closure of the Birmingham School, in: Cultural Studies 18 (2004), S. 847–862.

WICKE, PETER, Vom Umgang mit Popmusik, Berlin 1993.

WILLIAMS, RAYMOND, Culture and Society 1780–1850 [1958], London 1966.

WILLIAMS, RAYMOND, Keywords: A Vocabulary of Culture and Society, London 1976.

WINTER, RAINER, Der produktive Zuschauer. Medienaneignung als kultureller und ästhetischer Prozeß, München 1995.

WINTER, RAINER, Medien und Fans. Zur Konstitution von Fan-Kulturen, in: Kursbuch Jugendkultur. Stile, Szenen und Identitäten vor der Jahrtausendwende, herausgegeben von SPoKK, Mannheim 1997, S. 40–53.

ZIEGENRÜCKER, WIELAND, und PETER WICKE, Sach-Lexikon Popularmusik [1987], 2. Auflage, Mainz und München 1989.

ZINNECKER, JÜRGEN, Jugend im Raum gesellschaftlicher Klassen. Neue Überlegungen zu einem alten Thema, in: Interdisziplinäre Jugendforschung. Fragestellungen, Problemlagen, Neuorientierungen, herausgegeben von Wilhelm Heitmeyer, Weinheim und München 1986, S. 99–132.

Thomas Hecken

Pop-Kritik und Politik

Ein Nachwort

Das Schreiben über Popmusik – dies zeigt Ralf Hinz' Buch in eindrucks-
voller Weise – wird außerhalb von Teenie-Zeitschriften und (neuerdings)
vielen Internetforen häufig von Wertungen angetrieben, die mit politischen
Zielsetzungen verbunden sind. Das gilt auch für die vorgeblich wertfreien
Wissenschaften. Nicht wenige Vertreter der Jugendsoziologie zeichnen sich
dadurch aus, dass sie abweichende Haltungen jugendlicher Szeneangehöriger
entdecken, um sie anderen staatlichen Stellen warnend oder lobend anzuzei-
gen; fast alle Anhänger der Cultural Studies sehen sich mit jenen subkulturellen oder alltäglichen Mediennutzern im Einklang, deren Rezeptionsakten
sie eigenständige und manchmal auch widerständige Momente abgewinnen.
Bezeichnender Weise kommen die Musikwissenschaften in diesem Tableau
nicht vor. Ihre Untersuchungen über harmonische oder rhythmische Eigen-
heiten von Künstlern und Stilen der Popmusik bleiben auch im Feuilleton
ohne Nachhall; ebenso wie in den avancierten Popmusikzeitschriften interessiert hier vor allem die semantische Aufladung der besprochenen Musik.

Voraussetzung dafür ist die Einschätzung, dass Popmusik einen Gegenstand bildet, über den sich zu äußern lohnt. Dieser Nachweis, dass man immer wieder über einzelne Phänomene der Popmusik in intellektueller Manier
und ausführlicher Weise schreiben kann, fällt zunächst fast immer mit der
Hochwertung der beschriebenen Musiker oder Szenen zusammen. Als in der
Mitte der 1960er Jahre diese intellektuelle Nobilitierung der Popmusik beginnt, geht sie wiederum oftmals mit der politischen, kulturrevolutionären
Einfassung der neuen Jugendkultur einher.

Wichtig ist dabei zunächst festzuhalten, dass die Popkultur nur selten als
neue Variante der Volkskultur präsentiert wird. Solch eine Form der kritischen Rettung bleibt den radikalen Anhängern der afroamerikanischen Befreiung vorbehalten. Nach den Worten von Amiri Baraka (LeRoi Jones) sollte
»Black Art« folgende Eigenschaften aufweisen: »1. identifiably a product of
Black Culture and History, as identifiably Black as Monk or Trane or Billie; 2.

a Mass Art, to go where the people are! 3. Revolutionary.«[1] Die Forderungen können auch im Namen wesentlich weniger massenferner Protagonisten, als es Thelonious Monk, John Coltrane und Billie Holiday entgegen des Impetus Barakas tatsächlich sind, vorgebracht werden. Bedingung ist dann allerdings, dass es sich nicht um weiße Verfehlungen schwarzer Traditionen handelt, wie etwa 1969 Larry Neal ausführt: »[R]hythm and blues is rooted in a popular tradition which has allowed for innumerable innovations in and of itself. It is a tradition that demands respect. [...] Like it's not cool to get to the Rolling Stones or The Grateful Dead to learn things that your old man can teach you.«[2]

Mit der Feststellung A. Kopkinds, die Rudi Dutschke zitiert – dass die prägende Literatur jetzt die »Underground-Literatur« sei, nämlich die »Reden von Malcolm X, die Schriften Fanons, die Songs der Rolling Stones und von Aretha Franklin« –, wären Baraka und Neal demnach nicht einverstanden gewesen. Aus der deutschen Perspektive kritisiert Dutschke hingegen nicht den Gleichklang von Malcolm X und Mick Jagger, sondern bedauert, dass »wir« noch »keine breite kontinuierliche Untergrundliteratur« hätten; es fehlten noch »die Dialoge der Intellektuellen mit dem Volk«, die Dutschke für notwendig hält, um eine entsprechende Untergrundliteratur zu schaffen.[3] An solchen Formulierungen erkennt man die starken kommunistischen Wurzeln des undogmatischen Linken Dutschke. Viele andere antiautoritäre Kräfte jedoch sind – zumal in der Zeit vor 1968/69 – ganz damit zufrieden, wenn sie eine politische Wirkung der neuen Rock- und zum Teil auch Soulmusik auf die eigene Szene (junger, studentischer Angehöriger der Mittelschicht) konstatieren.

Zunächst ist für sie schon ausreichend, dass die Beatmusik gar nicht in den damaligen bildungsbürgerlichen Kanon (der durchaus zu weiten Teilen auch ein moderner Kanon von Ingeborg Bachmann bis Günter Grass sein kann) hineinpasst. In avantgardistischer Manier gilt ihnen die bekundete Abneigung des bildungsbürgerlichen Geschmacks als Beweis des Richtigen. Rolf Dieter

---

1 Amiri Baraka, You Think This Is About You?, in: Albert Ayler, Holy Ghost [Begleitbuch zur gleichnamigen Box mit CDs Aylers (Revenant 213)], S. 35–51, hier S. 47.

2 Larry Neal, New Grass/Albert Ayler, in: The Cricket, 1969 [Teilnachdruck der Zeitschrift als Beilage zur CD-Box: Albert Ayler, Holy Ghost (Revenant 213)], S. 37–40, hier S. 38.

3 Rudi Dutschke, Die Widersprüche des Spätkapitalismus, die antiautoritären Studenten und ihr Verhältnis zur Dritten Welt, in: Rebellion der Studenten oder Die neue Opposition, eine Analyse von Uwe Bergmann, Rudi Dutschke, Wolfgang Lefèvre, Bernd Rabehl, Reinbek bei Hamburg 1968, S. 33–93, hier S. 92.

Brinkmann formuliert das rückblickend bereits für das längst vergangene Jahrzehnt, wenn er polemisch anmerkt, dass die deutsche Literatur am Ende der fünfziger Jahre nicht einmal »Verweise auf aktuelle Gegenstände« enthalten habe, die »genormtes Verhalten löchrig machten – die Stirnlocke Bill Haleys, das wunderbare, wirre, aufregend schöne Geschrei Little Richards«.[4]

Eine Vorstufe zu solchen emphatischen Urteilen, wie sie erst in der zweiten Hälfte der sechziger Jahre anzutreffen sind, stellen, wie gesagt, feuilletonistische Kritiken zu einzelnen Produkten dieser neuen Popkultur dar. Zuvor galt das Gesetz, dass einzelne Gruppen nur betrachtet werden dürfen, um sie als Exempel der allgemeinen Kritik zu nennen. So schreibt Frank Böckelmann, ganz im Sinne der einflussreichen Kulturkritik Adornos, 1964 etwa: »Die langausgehaltenen, gedehnten Schluss- und Zwischenakkorde sind der überkommene Abklatsch bombastischer Opern, die gleichfalls in den getragenen Tönen den gewonnenen Eindruck nachwirken lassen, und stellen bei den Beatles als gigantische Höhepunkte gleichsam Ersatzzeichen für das frenetische Gebrüll der Entrückten dar. Der iterierende Aufbau – das alles beherrschende Charakteristikum – sorgt für den Genuss, immer schon zu wissen, was gleich kommen wird. Die Bestätigung schafft Befriedigung und damit Einverständnis. Das Bewusstsein, nicht allein und kein Aussenseiter zu sein, wird so durch die gelungene Anpassung an den Schlager hervorgerufen und verstärkt sich zur Begeisterung, wenn der Einzelne sich erinnert, dass alle um ihn herum das Gleiche fühlen. [...] Je mehr sie davon träumen, mit dem Leben zu spielen, desto mehr wird mit ihnen gespielt. Das schmiegsame, reibungslose Gleiten der Melodie über den Rhythmus, das flüssige Abwärtssinken der Bögen zu ihrem vorausgehörten Ruhepunkt suggeriert das Leben mit der linken Hand, das mühelose Siegen, die tänzelnde Selbstsicherheit und die müden Genüsse des Lebenskünstlers und Schwerenöters. Durch einen Knopfdruck wird jedem gewährt, was ihm danach um so mehr versagt bleiben wird, ebenso wie er sich im anstrengenden Twist seine noch mögliche, reduzierte Revolte herausschwitzt. Die schrillen sounds der Quartette kokettieren mit der Abweichung vom vertrauten Harmonieschema, in das sie doch als knallige Abschrägungen immer wieder erschlaffend und unvermeidlich zurückfallen.«[5]

4   Rolf Dieter Brinkmann, Der Film in Worten, in: ders., Ralf-Rainer Rygulla (Hg.), Acid. Neue amerikanische Szene [1969], Hamburg 1983, S. 381–399, hier S. 386.

5   Frank Böckelmann, Im Rhythmus unserer Zeit [in: Anschlag, H. 1, August 1964], in: ders., Herbert Nagel (Hg.), Subversive Aktion. Der Sinn der Organisation ist ihr Scheitern, erw. Aufl., Frankfurt am Main 2002, S. 181–184, hier S. 182 f.

Der damals führende Vertreter der literarischen Moderne, Helmut Heißenbüttel, kommt dagegen einige Jahre später bei der Betrachtung avancier-
terer Gruppen wie Velvet Underground bereits vollkommen ohne Ideologie-
kritik aus. Heißenbüttel schreibt 1968 in einer Sammelrezension über die
LP »White Light White Heat« von Velvet Underground: »Der gleichmäßig
durchgeschlagene Beat (verbunden mit reduziertem Riffmaterial und mit
elektronisiertem Klang an der Grenze zum Geräusch) hinterlegt dem Sprech-
gesang nicht musikalische Artikulation, sondern so etwas wie einen homoge-
nen Klangraum, wie er, durchaus vergleichbar, als ununterbrochen changie-
render Geräuschuntergrund auch bei John Cage verwendet wird.«[6] Anderes
Beispiel, Hubert Fichte – er schreibt über den kritischen Liedermacher Dieter
Süverkrüp euphorisch: »Der ›Touristenflamenco‹ ist ein Geniestreich. Bissi-
geres kann zu dem Thema ›Deutsche Reisende‹ auf der Iberischen Halbinsel
nicht vorgetragen werden.«[7]

Beide Beispiele markieren deutlich die Distanz zu der generellen Ablehnung, wie sie in der Beatles-Kritik Frank Böckelmanns trefflich formuliert
worden ist. Trotzdem wird an beiden Neuerungen unmittelbar klar, dass sie
um 1968 keineswegs das Beispiel einer weiterführenden Pop-Einstellung
abgeben können, dafür ist Heißenbüttels Beschreibung zu neutral gehalten
– und Fichte bezieht sich auf den Songtext (zudem in einer äußerst abgegrif-
fenen, muffigen Sprache). Vor dieser Kontrastfolie kann man gut erkennen,
dass die adornitische Kritik, so entschieden negativ sie auch immer ausfallen
muss, mit ihrer Radikalität, aber auch ihren Maßstäben dennoch das Vorbild
der neuen Apologie jugendlicher Popmusik ist.

Das emphatische Lob der populären Musik in der zweiten Hälfte der
sechziger Jahre kommt nämlich oft dadurch zustande, dass die Einschätzungen, wie sie etwa Böckelmann vorgetragen hat, einfach umgedreht werden.
Der Maßstab wird übernommen, aber das wertende Vorzeichen ändert sich.
Wenn Böckelmann behauptet, dass die musikalischen Abweichungen und
intensiven Momente der Popmusik letztlich zu schwach oder isoliert bleiben,
um etwas anderes als Anpassung zu produzieren, wird nun das Gegenteil pro-
gnostiziert. Der englische Situationist Ben Covington schreibt etwa zu The
Who: »The whole effect of The Who on stage is action, noise, rebellion and

---

6 Helmut Heißenbüttel, Musik der Jungen, in: Der Monat 20 (1968), H. 239, S. 112–114,
   hier S. 114.
7 Hubert Fichte, Plattenragout, in: Konkret, Nr. 2, 1966, S. 38–39, hier S. 39.

destruction – a storm of sexuality and youthful menace.«[8] Und der Hippie-Ideologe Chester Anderson glaubt an die weitreichenden Wirkungen des Acid Rock; Bewusstseins- und Wahrnehmungserweiterung (*extended awareness*) ist hier die Losung: »[R]ock is a vital agent in breaking down absolute and arbitrary distinctions [...] group participation, total experience and complete involvement are rock's minimal desiderata«.[9]

Man darf nun nicht annehmen, dass sich die Einschätzungen in erster Linie änderten, weil sie sich auf eine neue, fortgeschrittene Form der Rockmusik richteten. Mit Adorno würden auch The Who oder Grateful Dead keine andere Bewertung erfahren, als sie Böckelmann den Beatles zukommen ließ. Zur Neubewertung trägt wohl besonders bei, dass die Bedeutung des Energetischen, sinnlich Verwirrenden und Stimulierenden wesentlich höher eingestuft wird (Adorno wähnte in solcher Befreiung lediglich eine barbarische Regression). Trotzdem gibt es aber eine entscheidende Übereinstimmung: Das Urteil über die Musik ist jeweils verbunden mit einer Diagnose, welchen Widerstand sie der bestehenden Gesellschaft entgegensetzt. Linke Politik ist demnach nicht mit einer Änderung der staatlichen Apparate und der Eigentumsverhältnisse gleichzusetzen, sondern muss auch in der kulturellen Sphäre ansetzen, um etwa jenen autoritären Charakter anzugreifen, an dem eine Auflösung hierarchischer und besitzindividualistischer Ordnung scheitert. Das Lob der bewusstseinserweiternden und/oder sinnlich aufstachelnden Musik entspringt genau dieser Logik.

Unter starken Druck gerät die Anschauung von der nicht zuletzt politisch bedeutsamen Pop-Gegenkultur schnell durch die Entdeckung, dass die neue Popkultur nicht durchweg auf Ablehnung innerhalb der liberal-kapitalistischen Welt stößt. Dies nimmt man in linken Kreisen nicht als positives Zeichen auf, sondern als Indiz für den falschen, affirmativen Charakter der Pop-Avantgarde; die wahre »Funktion und Nutzanwendung der Subkultur« zeigt sich den linken Kritikern an der schnell stattfindenden ökonomischen Erschließung dieses »jungen‹ Marktes«.[10] Aber auch die meisten radikalen Anhänger der Rolling Stones oder Grateful Deads stimmen in den Vorwurf

---

8 Ben Covington, Crime Against the Bourgeoisie [in: Rebel Worker, Nr. 6, Mai 1966], in: King Mob Echo. English Section of the Situationist International, London 2000, S. 14–15, hier S. 14.

9 Chester Anderson, Notes for the New Geology [in: Oracle, Januar 1967], in: Jesse Kornbluth (Hg.), Notes from the New Underground, New York 1968, S. 61–65, hier S. 63.

10 Michael Buselmeier, Günter Schehl, Die Kinder von Coca Cola, in: Kürbiskern, H. 1, 1970, S. 74–89, hier S. 78.

der Kommerzialisierung nur zu gerne ein; oftmals wird dabei jedoch die eigene Musik in Schutz genommen; Rockmusik wird dann häufig gegen Popmusik ausgespielt, oder, in anderer Konstellation, Punk gegen Disco.

Eine letzte Variante der wirkungsmächtigen politischen, kulturrevolutionären Aufladung der neuen Formen der Populärkultur kehrt dieses Schema genau um. Ab Anfang 1980 übertragen englische Journalisten wie Paul Morley und Ian Penman (in Deutschland gefolgt von Mitarbeitern der Zeitschrift »Sounds«) Imperative der Pop-art Warhols auf die popmusikalische Geschmacksbildung. Glätte und Oberflächlichkeit bilden für sie keine Male der verachteten Kommerzialisierung, sondern Merkmale, die man gar nicht hoch genug preisen kann. Die Rhetorik der Übertretung und Intensität bekommt dadurch eine neue Dimension, die sich im Lob des Eleganten und Künstlichen ergeht, ein Lob, das sich auf manch eingängigen, unsentimentalen Pop-Song, aber auch auf stark repetive, vorgeblich sinnfreie Stücke richtet, seien sie nun von Giorgio Moroder, Suicide oder sogar den Stooges (auch derart rhythmisch und harmonisch reduzierte Formen aggressiver oder dilettantischer Haltung können also ins positive Geschmacksspektrum aufgenommen werden). Geprägt ist diese Haltung zumeist durch den Versuch, den liberal-alternativen Vorlieben der siebziger und beginnenden achtziger Jahre, die sich als schwache Spurenelemente der 68er-Kulturrevolution auf breiter Front durchgesetzt hatten, eine radikale Absage zu erteilen. Immer auf der Flucht vor der Festlegung und dem ›großen Sinn‹, verlassen die meisten Wortführer von *New Pop* aber schnell wieder Mitte der achtziger Jahre die Produkte des neuen Zeitgeistes, um nach anderen, neuen avantgardistischen Volten und Abgrenzungen zu suchen.

Ralf Hinz gehört der Tradition dieser 82er-Pop-Intellektuellen deutlich an, deren kenntnisreichster wissenschaftlicher Interpret er zugleich ist.[11] Im Gegensatz zu vielen anderen aus dieser Schule treibt ihn das Abgrenzungsbedürfnis und die stetige Suche nach einem neuen, zu Beginn noch verwirrend elitären Zeitgeist jedoch nicht um. Die Apologie des oberflächlichen Hedonismus und des sog. Konsumismus ist bei ihm keineswegs nur ein vorübergehender, polemischer Zug, sondern eine stetige, wichtige Voraussetzung, einen egalitäreren Zugriff auf den gesellschaftlichen Reichtum einzufordern. Illusionen über die eminente Bedeutung bestimmter Musikstile oder (sub)

---

11 Ralf Hinz, Cultural Studies und Pop. Zur Kritik der Urteilskraft wissenschaftlicher und journalistischer Rede über populäre Kultur, Opladen 1998. Diesem rasch vergriffenen Titel sind einige Seiten entnommen, die im vorliegenden Band in das Kapitel zu den Cultural Studies eingegangen sind.

kultureller Szenen – nach der hedonistischen Umwertung nun: Buzzcocks *und* Chic – muss sich Hinz darum nicht hingeben, sie dienen aus seiner Sicht aber alle als Symbol und manchmal auch als Motor eines ersten Aufbegehrens gegen eine Welt grober materieller Ungleichheit, die vielen die Mittel selbst zu einfacheren Annehmlichkeiten und Lüsten vorenthält.

Zur Reihe: Schriften zur Popkultur

Wenn die Frage beantwortet werden soll, was zur Pop-Kultur gehört, wird man sich schnell auf einige Musterobjekte einigen können: McDonalds, Beatles, Ronald Reagan, Punk, Chanel, auflagenstarke Zeitschriften, viel gesehene Fernsehsendungen, Hollywoodfilme …

Lange Jahre haben Diskussionen über den Wert und vor allem Unwert dieser Phänomene aber die Antwort auf die wichtige Frage behindert, was die Gemeinsamkeiten oder Ähnlichkeiten dieser populären Dinge sind, was zu ihrer Produktion beiträgt und wie ihre Rezeption aussieht.

Die Reihe „Schriften zur Popkultur" will darum kulturwissenschaftliche und essayistische Arbeiten zur Analyse der populären Kultur versammeln. Im Mittelpunkt sollen nicht nur bereits hochkulturell kanonisierte Richtungen wie Pop Art oder Nouvelle Vague stehen. Das Ziel besteht darin, theoretische Modelle und detaillierte Betrachtungen auch zu weniger stark erforschten Themen auf unterschiedlichen Feldern von Mode bis Popmusik vorzustellen.

Bereits erschienen:

Thomas Hecken: Populäre Kultur.
Mit einem Anhang: Girl und Popkultur
Schriften zur Popkultur, Bd. 1
Posth Verlag 2006, 215 Seiten
Kartoniert, EUR 22,90
ISBN-13 978-3-9810814-1-1

Sara Hakemi: Anschlag und Spektakel.
Flugblätter der Kommune I, Erklärungen von Ensslin/Baader
und der frühen RAF
Schriften zur Popkultur, Bd. 2
Posth Verlag 2008, 208 Seiten
Kartoniert, EUR 29,90
ISBN-13 978-3-9810814-3-5